ein Ullstein Buch



1

Vom gleichen Autor
in der Reihe der
Ullstein Bücher:

Ich denke oft an Piroschka (221)
Wir Wunderkinder (287)
Der Himmel war unten (524)
Timpe gegen alle (2708)
Kindheit ist kein Kinderspiel (2897)

Hugo Hartung

# Ihr Mann ist tot und läßt Sie grüßen

Ein Schelmenroman
über Leben, Liebe und Taten des Feldweibels
J. B. N. Schwärtlein

ein Ullstein Buch

Ullstein Buch Nr. 2859
im Verlag Ullstein GmbH,
Frankfurt/M – Berlin – Wien

Ungekürzte Ausgabe

Umschlagentwurf: Dorland, Berlin

Printed in Germany 1975
Gesamtherstellung:
Augsburger Druck- und
Verlagshaus GmbH
ISBN 3 548 02859 4

Inhalt

# Einleitung

Auf der Suche nach einem berühmten Bologneser Lokal, dem man die beste Pasta asciutta von Italien und demnach von der Welt nachsagt, geriet ich in dem Gassengewirr um den Dom in ein kleines Antiquariat. Da es mich von jeher gereizt hat, in alten Büchern und Stichen zu stöbern, begann ich auch hier — meinen Hunger vergessend — zu kramen. Ich hatte mich schon für eine hübsche Zeichnung der Bramanteschen Domkuppel zu Florenz entschieden, als ich darunter ein offenbar sehr altes, engzeilig beschriebenes Büchlein fand. Nachdem ich mich, lesend, ein wenig an die altertümliche Schreibweise gewöhnt hatte, bekam ich mehr und mehr das Gefühl, in diesen Tagebüchern eines deutschen Landsknechts, um die es sich offenbar handelte, einen nicht unbedeutenden Fund getan zu haben. Ich erstand das Büchlein für wenige tausend Lire und begann schon in meinem Hotel, mit wachsendem Interesse darin zu schmökern. Wenn ich es nun der Öffentlichkeit vorlege, geschieht dies aus dem Gefühl heraus, dieses köstliche Buch könne vielleicht sogar ein literarisch kostbarer Fund sein.
Die ursprüngliche Schreibweise ist insoweit beibehalten, als sie eine gewisse zeitgeschichtliche Färbung gibt, sonst aber der im Jahre 1965 teilweise noch gebräuchlichen neuhochdeutschen Sprache angepasst, verständlicherweise jedoch ohne den zeitüblichen Trend zum Image.
Dem Bilde unseres braven gescheiten Feldweibels mag dies auch am besten entsprechen.
Daß die Orthographie bei einzelnen Wörtern häufig wechselt, wird man auch in andern zeitgenössischen Dokumen-

ten finden, zumal wenn deren Verfasser nur eine ungenügende Schulbildung hatten, wie es ja auch bei Schwärtlein, nach dessen Selbstzeugnissen, der Fall gewesen ist.
Möge die Publikation im übrigen das Andenken des Tagebuchschreibers Johann Baptist Nepomuk Schwärtlein nun endlich so erstehen lassen, wie er sich das in seinem eigenen nachstehend abgedruckten Vorwort wünscht, nachdem bisher die mangelhafte und einseitige Unterrichtung eines namhaften deutschen Autorenkollegen es diesen der Nachwelt hat betrüblich verzeichnen lassen.

*Die kursiv gesetzten Fußnoten im Text sind Anmerkungen des Herausgebers.*

# Fürworth

Der Teuffel hol die Winterquartirs! Man säufft, würffelt, hurt — es ist allweil das gleiche. Da ich nun, aus einem behaglichen Leben entrücket, hab noch einmal Soldat werden müssen und bisher ein glücklich friedsam Leben in Padua geführet, auch aus kindlicher Lieb zu den Wissenschafften einige Collegs allda gehört, machet nunmehr das alte Luderleben doch nit mehr das rechte Gaudium, zumahl die besten Kräfft dazu nit mehr langen wollen. Hab mich also im Lager niedergelassen und schreib mein Leben auf, was ansonsten nur Feldherrn für ihr eigen Gloria und Rechtfertigung thun. Scheint mir aber, dass die am ehesten vom Scheyss sprechen mögen, die mit dem Arsch darinnen seind und nit mit Lackstieffels drumb herumbgehn. Ist mir auch werth, dass die daheym die Wahrheit wissen, wenn das verdammt Mannsbild* sein hintervotzigs Lügen nit will lassen. Soll mich doch die Nachwelt rechtens sehen, als ein Feldweibel und brav.

Und so fang ichs denn an mit Gott, die verfluchte Winterslangweyl zu thöten, und ein wenig auch zum eigenen Ergetzen.

** Ein Individuum, das in den Erinnerungen unter mehreren Namen, u. a. als Baron Montsalvari, auftritt.*

## Das erst Capitel

*Von guten Seilen, einem nützlichen Ross und einem fehlenden Röhrlein.*

Ich, Johann Baptist Nepomuk Schwärtlein, bin worden geboren als Sohn des Seilermeisters Gottlieb Ehrenreich Schwärtlein, eines erst armen, hernach wohlhabenden Handwercksmanns — letzters, seit unser in wettinischen Landen gelegen Stättlein von Gnaden unsers Landesherrn den Blutbann erhielt und auff dem Galgenberg gen Sonnenuntergang ein fröhlich Henken begann. Der Wohlstand unsers Hauses hing solchermassen an den Stricken, so man umb die Hälse der Inkulpanten gelegt. Drumb hört ich mein Mütterlein, ein gar fromm und gottesfürchtig Weib, Anna Kathrin genannt, aus dem Geschlechte der Schultzen zu Triptiz, des öfteren sagen:

»Ach, geb's doch der liebe Himmel, dass recht viel dicke Männer auf den Weg des Lasters gerathen; denn nur selten reisset unter den Dünnen der Strick.«

Mir grausete dazumalen noch, wenn wir des Sonntags nach dem Kirchgang, Halleluja und Glockenklang inniglich im Ohr, spazirenderweis den Weg umb den Galgenberg nahmen, doch die heitere Güte unseres Mütterleins liess uns Kinder die still Baumelnden recht als Fähnlein erkennen, zum Wohle der Familie Schwärtlein gehisset.

»Schauet«, so pflegte sie zu sagen, »wir hätten wohl nit den schweinern Braten im Herd und nit die Klöss im Topf, hängeten die nit da droben, die nun für ihr zeitlich Lasterleben das Ewig Gericht erwartet.«

Schweinsbraten und Klöss aber waren für uns allsamt derarth die irdische Glückseligkeit, dass wir schon beim Mittagsmahl ein fröhlich Gedencken für alle erwischeten Mörder, Hurer und Dieb empfanden. Sagt einmal mein kleins Schwesterlein, vier Jahr erst jüngst geworden:

»Kunnt nit der Vater für das Ewig Gericht auch die Seil und Strick liefern, auf dass wir alltäg Schweinernes und Klöss hätten?«

Doch solches dünckte unserm Mütterlein ein gar sakrilegisch Reden. Sie schlug das Kreuz über die Philippin und sagt:

»Kind, versündig dich nit. Die ewige Marter ist ein Feuer über alle Feuer, desgleichen es auf Erden nit gibt.«

»Grösser als beim Nachbarn Schellner?« fragt unverdrossen das wacker Philippinchen.

»Tausend Million mal grösser, Kind. Schau aber jetz und lieber, dass du dir mit der fetten Brüh nit das Kleidlein betrentzest, statt dass du ein unnütz Fragen anhebst. Könnt sonst auch mit dir dereinsten kein guts Ende nehmen. Und merk dir noch dies, dass es niemalen an den Weibsleuten ist, Fragen anzustellen.«

»Nur reden mögt ihr — reden!« hub da mein Vater an, der meist stille im Hause war und nur in der Werckstatt das Pfanneflickerlied sang, welches wir Kinder nit durften hören, weil es ohn alle Anständ war.

Doch hatts unser ältest Cousin, der schon beim Magister in der Schullehr war, allbereits auffgeschrieben und uns kleinem Volcke beigebracht, ohn dass wir die Sauereyn verstunden. Sommers tät der Vater mit den Gesellen und Lehrling sein Arbeit und Gesang im Freien, und wir hüpften nebenher, wenn die Männerleut rückwärtsgehend die Seile zogen.

Das war immer ein gute fröhliche Zeyt. Die Vögelein tirilierten unterm Himmel und schissen wohl auch hernieder, und ein jeder Gesell thät sich freuen, wenn er so ein weiss Bätzlein auf der Mützen fand.

»Schaut, Meister, Glück in der Lieb und im Gelde«, meinte er dann wohl und hob das Bätzlein fürsichtig zu den Hellern und Kreutzern im Geldsack.

Doch der Vater brummete nur, es wär besser, die Ding zu trennen, denn das Glück in der Lieb mache jeden Beutel leer, nit nur den mit dem Gelde. Solches schwätzeten wir nach und bezogen manche Kopfnuss dafür von des Mütterleins Händen, ohn dass wir ahneten warumb. Später haben wirs gar wohl verstanden.
Der Nachbar Schellner, von dem das Schwesterlein Philippin geredet hatt, war uns Kindern allsamt besonders lieb. Er ist Schmied gewest, und sein kleins Höllenfeuer hat allweyl gelodert, wann wir neben den Seilerburschen herhüpfften. Dann tat er oft herausgrüssen und schreyn, dass wir doch ein ganz unnütz mistig Völcklein seien, hat aber gelacht dabey und uns mit der schwartzen Hand zugewincket. Hett damals nit meinen mögen, dass ich dereinst in ein ander Verhältnis zu ihm treten würd, sondern war mir der Meister lieb und hab oft dabey gestanden, wenn er die Ross hat beschlagen. Einmal hat ein Zossen nach mir ausgeschlagen und mir mit dem Huf die Schläfen ledirt, wie ich aus Feigheit den ledernen Riemen losgelassen, dass ich noch heut dort ein Narben trag und manchmal ein garstig Brummen und Sausen im Kopf hör. Damals ist mir was anders auf den Hintern gesauset, weil mein Mütterlein den Bakel drüber geschwungen, als ich vom Bluthe triefend heimgekehrt. Die wackere Frau hat immer zu rechten vermutet, daß wir Kinder die Schuld trügen, wenn uns ein Übel zugestossen. Heut ist mir die Narb an der Schläfen nit unlieb, weil die Zeit mein Feigheit hat in Tapfferkeit verkehret und die Officirs mich den jungen Söldnern vorweisen:
»Sehet zu, daß ihr, ihm gleichend, so das Haupt dem Feinde bietet, dass es gleich ruhmreiche Narben empfängt.«
So kann ein störrischs Ross einem redlichen Landsknecht, der immer die Schwert und Piquen gemieden, noch lange nach seinem Hintritt zum Lobe verhelfen.
Doch scheint mir, dass ich weit vorausgeeilt und noch kein Wort über unser Stättlein gesagt, darinnen ich als Kind

viel fröhlichs, aber wohl auch manch unnütz Spiel getrieben. So hatten wir als Knaben einmal eine verlassene Hundshütten inwendig voller Stroh gemacht und Öl drüber gegossen und anzunden, was ein fröhlich Feuerlein geworden und sieben Häusern in der Gerbergassen den Garaus gemacht. Seind aber nit entdeckt worden, und sintemahlen die Gerber haben neue Häuser gekriegt und haben einen Landfahrer an den Galgen gehencket, wiewohl er geläugnet, hat auch hier Gottes Segen alles zum besten verkehret, wenn es auch nur ein dünner Landfahrer gewest und kein Strick dabei zum Wohle der Schwärtleins zerrissen.

Für mich hatt unser Stättlein himmelhohe Häuser und prächtige Gassen, und Hügel gen Mittag und gen Mitternacht seind mir als gar wilde Berg erschienen. Später freylich, als ich grössere Stätt, wie Plawen und Eger, oder auch im Auslande das volckreiche Napel und das güldene Venedig kennen gelernt, und hab mit denen Frundsbergern die Alpen traversiret, ist mir daheim alls gar klein und arm fürkommen.

Nun ist aber das Kindsalter doch das schönst in seiner Gläubigkeit und Ohnschuld, welche wir dermahlen auch noch wider das andere Geschlecht gehabt. So seind wir Buben einmal baden gangen zum Kastenteiche, darein die Gerber in der Statt ihre Karpffen gezüchtet für die heiligen Festtäg. Wir haben die Wämslein und Höslein abgethan und seind in himmlischer Nacktheit herumbgesprungen. Seind da aber auch Mägdelein gewest, wohl auch vier Jahr alt gleich uns, und waren auch nackend und haben die Kunigund von Becker so gesehn und uns gewundert.

Sagt Kuntz Ziegenspeck, eines Nachbars Bub:

»Schau, die Gundel. Ihr fehlt was.«

»Ja, 's Röhrl«, antwort ich.

»Weiss nit, wo's ihr ausserlauft«, meint der Kuntz.

»Der Chirurgus müsst ihr eines hinmachen können«, sagt der Flori vom Nachtwächter und ist voller Mitleid gewest.

Doch da haben die Mägdlein uns gesehn und haben gequietschet und gekrischen und seind davongerennt.
Wenn ich heunt als alter Landsknecht zurückdenk, mein ich, es wär vielleicht wirklich besser, wenn dem Adam das Röhrl wär nit mitgegeben worden — oder hetts ihm der Herrgott statt der Rippen weggenommen — so wär mir mancher Kummer und Hertzeleyd und auch mancher gute Batzen für Artzt und Apotheker erspart blieben. Doch wohl auch manch hertzliche Freud und Lust, wie solche mich umbgetrieben haben durch viele Stätt und Länder und ihre Menschen und Weiber.
Doch ists auch bis dahin noch weit gewest und hab erst einmal müssen zum Magister, weil die Mutter hat wollen, dass ich geistlig werd und dazu das Lesen und Schreiben brauch. Es ist da ein sonderbar alt Männlein gewest, hat Wilhelm Hochmuth geheissen, mit einer ganz hohen Stimm und dünnen Beinen, und haben die Frauensleuth geflüstert, dass er aus Schwäche nie hett ein Weib berühret. Doch war dieser Hochmuth stark in der Gelehrsamkeit und hat viel dicke Bücher in sich hinein gefressen und wieder hinausverdauet, was vielen Knaben der Bürgerständ zu geistiger Nahrung geworden fürs Leben.
So hab auch ich bei ihm gelernet den Griffel führen und schreiben ein ›A‹ und ein ›D‹ und ein ›E‹, und das zusammenbinden mit kunstreich geführten Strichlein, dass es wird ›Ade‹ und ein Gruss fürs Scheiden. Auch hat er uns das Zählen gelehret und das Zusammenzählen, dass die Kaufleut ein nit bescheyssen, wenn sie Zucker, Saltz und Mehl zusammenrechnent, und noch viel andere nützliche Künst, so auch das Bescheyssen für die, welche hernach selber sind Kauffleut geworden. Und Rathschläg für das fürnehme Leben, dass man sich in ein Tüchlein schneutzet statt mit dene Händ, und nicht mit den Fingern in alle Löchlein am Leibe stochert, wenn es einem wo jucket und kratzt.
Nun bin ich Landsknecht worden und hab das allzu feyne

Thun nachher nit mehr oft können brauchen. Doch ist mirs hinwieder auch nützlich worden bei hochadligen Damen und habs an Maniren dem einen Gewissen können gleichthun, der mir soviel Unbill angethan. Doch eilet dies der Zeit und künftigen Capitels abermalen voraus, und kann ich dieses nur schliessen, indem ich feststell, dass ich unter meines Präzeptors Lehr ein arthig wacker Büblein bin worden, regsamen Geistes und eines wolansehnlichen Corpus. Dass sich an selbem auch anderes zu regen begann, danck ich freylich nit seiner Lehr, sondern habs darin aus eigenem zur Meisterschaft gebracht. Davon werd ich ohn alle Scheu, doch hinwiederumb auch geziemend zu reden wissen.

## Das zweitt Capitel

*Von einer fröhlichen Bettstatt,*
*dem wohlfeylen Schmertz und dem Pflücken und Drücken.*

Wenns nit ganz so gangen ist mit der Profession, welche meine Mutter mir zugedacht und bin nit geistlig worden, so hatt daran wol das fleischlich Theil sein rechte Schuld. Wie die Anna Kathrin ihre stoltzen Wünsch für das erstgeborene Söhnlein hatt genähret, seind wir erst drey Buben im Haus gewest und hatten noch nit die glückhafften Lieferungen fürs Hochgericht. Nachhero freilich, als auch der Haushalt ist üppiger worden, haben die Eltern sich statt der kargen Liegestatt ein breit und schwer eichen Bett angeschafft, und wenn wir Buben von unsrer Kammer her es haben drin rumoren hören, hat immer eins von uns gesagt: »Wird wohl wieder ein Brüderlein oder Schwesterlein kommen zur rechten Zeit.«
Es hat auch die Mutter in den kommenden Jahren fast immer eine hohe Schürtzen gehabt, und wenn wir am End hetten die Summ gezogen, wie wirs beim Magister Hochmuth hatten gelernt, wären wir gewiss auf 15 oder 16 Büblein und Maidlein gekommen, so nit hin und wieder eine gute Seuch die weniger gesunden Produkt aus den fröhlichen Nächten unserer geliebeten Eltern hinweggerafft hett. So seind wir unser Neun übrig blieben wie beim Kegelspiel, und vielleicht war ich darinnen, als der Erstgeborene, der rechte König, den freylich hernach auch die Schicksalskugel am meisten umbgebeutelt hat.
Für die, so aus dem Lebensreigen ausgeschieden, hatt die tüchtige Mutter ein preiswerth, weyl ein wenig abliegends Grab an der Friedhofsmauer erstanden, zu dem wir an denen verordneten Trauertäg allsamt seind hingepilgert. Un-

eingedenck der Schmertzen und Leiden, welche dem Gottsacker für den Denckenden anhaften, haben wir Ohnmündigen unser rechte Lust daran gehabt, dort hinter den steinern Englein Fangmanndl und Räuber und Henckerles zu spielen.

Wie das Sprüchwort sagt, dass der Teuffel allweyl auf den größeren Haufen scheysset, so hat auch in unserem Falle die durch den wachsenden Wolstand erzeugte und zu einem Theyl auch wieder verminderte Kinderschar abermalen Wolstand im Gefolg gehabt. Denn es hat unser liebs, aufs Sparen erpichte Mütterlein ihren Kummer gehabt, dass allweil die Blümlein und Kräntz, so wir zum Gottsacker haben mitgenommen, gar schnell seind verdorrt oder erfrorn. Solchen Kummer hat sie dem Vater mitgetheilt.

»Denck drüber nach, Göttel«, sprach sie — und Göttel hiess sie Vater Gottlieben —, »wie man den Schmertz umb die Verblichenen kunnt ein wenig wolfeyler machen.«

Und dieweil das Rückwärtsgehen beim Seileziehn dem Denckprozeß förderlich ist, kam dem Vater ein glückhaffter Einfall. Er hatt in seiner Werkstätt mancherley unnütz Abfallzeug von Hanf und Werg, welches sich zu Kräntzlein und Kreutzlein verflechten und mit Pech und Leim dauerhafft hat verfestigen lassen. Der Nachbar Färber verkauffet uns ein guthe grasgrüne Farben, und so zierete denn alsbald die Ruhestätten der lieben Brüderlein und Schwesterlein ein gar fröhlich frischer Schmuck, welcher sich ein guts Jahr conservirete. Und da unser klugs Mütterlein die möglichen Folgen solcher Pietät wol bedachte, hub sie von Stund selbst an, solche Zeichen trauervoller Liebe zu verfertigen und umb einen guten Preyss an den Mann zu bringen.

Als ich später vom Türckenkriege zum erstenmal wieder heimgekehret, fand ich auf dem Gottsacker, darauff derweilen auch die Eltern ihre Ruhstatt gefunden hatten, kein verwelklich Blümlein noch Blatt, sondern nur die dauerhafft grünen Kunstproducte nach der Erfindung unseres

Mütterleins, welche sich nach des Vaters Hinschied mit dessen ältestem Gesellen hat copuliren lassen. So blieben ihr die nutzbringenden Abfäll aus der Werckstatt und ihm des Meisters fröhlichs Bett, das nunmehro freylich keine Frücht mehr trug.

Doch bin ich wiederumb mit solcher Betrachtung der Zeit vorausgeeilet. Von sotanem Schluss aus möcht einer dencken, daß die lieben Parenten recht wol auch über die Mittel würden verfüget haben, mich für Kanzel und Althar bilden zu lassen. Doch war eben dazumahlen, als ich in vier Jahr mein Wissenskästlein mit allen den Kenntnissen und Erfahrungen hatt vollgestopffet, darüber der alte Magister Hochmuth verfügete, unser Glücksstern noch nit völlig aufgegangen, und es hatt auf der andern Seiten, wie ich bereits gesagt, mein leiblich Theyl mir Fallstrick gelegt, welche mir nit mehr erlaubeten, mich auf ewig der Keuschheit zu verloben. Es war nemlich dem Nachbar Hufschmied sein Töchterlein Marthe so herangeblühet, daß sich die Brüstlein und Hüfftlein in einer höchlichst angenehmen Weyss zu ründen begannen. Und hatt früher der Vater mit seinem russigen Antlitz uns herübergenicket, so thats nunmehro das Kind, das äugelte, sich wiegte und zierete, wie solche Künst Evas Töchtern vom Schöpffer her schon in die Wiegen seind geleget worden. Nun ist damahls just die Zeit herangekommen, da die Heidelbeerlein im Wald reifeten, und es gab diese schöne Frucht, davon die Mutter einen gar köstlich Kuchen zu backen wusst, insonderheit auf dem Kesselberge, welcher gen Mitternacht der Statt gelegen.

Fragt mich eines Tags das Marthlein, da ich grad vom Magister bin kommen:

»Magst Beerlein suchen mit mir?«

»Hab mit dem Kuntz Frösch prellen wollen«, antwort ich.

»Ist dir der Kuntz lieber als ich?« fragt sie und macht so quere Äuglein, wies die Weiber gern thun.

»Nein«, antwort ich, »aber ich mag mehr die Frösch als die Beeren. Machen ein schwartz Mäul alleweil.«

»Ich schlecks dir ab«, sagt das Menschlein und machts Zünglein spitz, dass mir ganz wunderlich worden ist.
Und bin also mitgangen.
Ist schön gewest im Wald. Haben die Bienen und Hummeln gesummet und stunden die Beerlein schwartz und dicht im Gestrüpp, dass man mit einem Bücken viel davon hat einsammeln können. Erst bin ich mit meinem irdnen Krüglein immer vorm Marthlein gewest beim Bücken und Pflücken, doch hat sie hernachen sich vor mich hingeschoben und recht voll Eiffers mit rothen Wänglein sich des Pflükkens befleisst. Und nun ich hinter ihr gewest, krieget ich einen angenehmen Einblick in ihr hinters rückwärtig Wesen. Hab jetzo mich zu den tiefsten Beeren am liebsten hinabgebeuget, auch wenns noch grün seind gewest.
Plötzlich schreyt das zierlich Weibsleuth:
»Ach, Hännesle, mir ist ein Thierlein vorn hineingekrochen. Wenns ein Wepsen wär! O hülf mir!«
Ich bin hin, und sie hats Mieder aufthan und mich neinschauen lassen. Hab aber keinen Weps gesehen, nur anders, was mich sehr unruhig und kribbelig gemacht. Bin schnell weg und wieder hinter ihr zu den Beeren und hab gesagt, es langt für heut, wiewol das Eimerlein noch nit voll gewest. Hab mir auch schnell den Mund abgewischet, dass sie nit muss schlecken.
Am nächsten Tag bin ich zu Marthen hinüber und hab gefragt, ob wir nit wieder sollten in die Schwartzbeeren gehen. Denn ich hatt kurios geträumt und war auch beim Magister so durcheinand, dass, wie er mich thät auffrufen, und ich ihm sollt ein nützlich Haustier nennen, die Antwort gib:
»Ein Weps!«, und haben alle Buben sehr gelachet und der Hochmuth ruft mit seinem dünn Stimmlein:
»Ey, ein Weps, ein Weps! Den Nutzen sollst uns wol nennen, den dies Thierlein bringen mag.«
War aber voller Fürsicht und hab ihn nit genennet.
Bin aber nunmehro noch offt mit dem Maidlein Beerensu-

chen gangen und hat es sich oft curios wider mich verhalten. Immer öffters hatts gesagt:
»Ey, dein Mund ist schwartz, Hännesle«, und hat das Schlecken angefangen, was mir sehr wol than hat.
Danach hab ich auch ihr das Mäulchen geschlecket, und sie hat dazu geschnurret wie eine kleyne Katz. Und haben uns das so angewohnt, dass wir später auch bey den Preisselbeeren geschleckt, wos gar keine Flecken hat geben, und habens beibehalten über die Beerenzeit bis in den Winter und habens ›das Schwartzbeerschlecken‹ geheyssen.
Noch heutt kann mirs geschehn, wenn eine süsse kleyne Sarazenin, Hungarin oder Hispaniolin mir übern Weg laufft, dass ich sag: »Komm, Maidle, Schwartzbeer schlekken«, und wiewol sie das Wort nit verstehet, ist ihr die Sach immer angenehm.
Ich hab dazumalen viel in der Beerenzeyt gelernet von den Heydelbeern über die Himbeern und Preisselbeern bis zu den Brombeern am End. Ja, ich könnt sagen, dass ich alles hab gelernet, was seit unsern Urältern, dem Adam und seiner Ev, die Männlein und Weiblein Nothwendigs haben lernen müssen. Haben aber auch wir, wie die paradiesische Vorverwandtschaft, ganz von vorn angefangt, und glaub ich auch, daß einstens der Adam blöde gewest wie ich.
Vielleicht, so denk ich heunt, hat er, wie ich, sein Evlein ins Bein gezwickt, als sie haben Himmelsmanna gesuchet, und sie ist bös worden und hat ihm ein Watschen gelangt, wie mir des Hufschmieds Töchterl, als ich das gleiche gethan.
Das nächstemal, wie ich nit hab zwickt, sagts Marthel:
»Bist langweilig! Warum zwickst nimmer?«
Hab ich wieder zwickt, aber weiter unten, auff dass sie mich nit abermals watschet. Lacht sie und sagt: »Droberer tuts besser.«
Hab ich ganz droben zwickt, und sie hat mir nit ein Watschen geben, sondern ein Schmätzlein. Das haben wir bis zu den Himbeern so trieben. Ist das Wetter zu derer Zeyt sehr hitzig und wolig gewest. Fragt sie auf einmahl:

»Warum zwickst nur immer? Kannst nit mehr?«
Ich hab aber nit mehr können und sag:
»Ist heyss heunt. Wird noch ein Wetter geben.«
Da krieget sie die Augen gantz merckwürdig und sagt:
»Fürcht mich vorm Wetter, Hännesle.«
»Musst bethen«, sag ich, »das thuet die Mutter auch, und schlagt nie ein.«
»Bethen ist schon guth«, sagt das Maidlein, »aber man müsset sich auch schützen. Komm, dort ist ein Heustadel.«
War da auff dem Felde ein Scheuer mit Heu. Dorthin hat die Marthe mich zogen, und haben wir uns gekuschelt dicht zueinander, und das Heu und die trücknen Blüthen haben dufftet, dass einem kunnt schwindlig werden. Und da hett das Maidlein .......*
Ist übrigens an dem Tage gar kein Wetter kommen, hatt aber doch eingeschlagen bei uns. Und ist schon dunckel gewest, wie wir heym sind, und haben gar die Himbeerkrüglein im Stadel vergessen, so dass die Mutter hatt gemeinet, es wär ohnnütz, dass ich in den Wald ging und gäbs nachher keinen Kuchen und kein süss Speysen für den Sunntag. Doch ists gar nit ohnnütz gewest und war auch süss — habs nur der Mutter nit sagen wollen.
Dem geistligen Stande aber hab ich seit dem Beerenpflükken auff ewig abgeschworen.

* *Mit Rücksicht auf die schulische Verwendbarkeit der Tagebücher ist hier eine kulturhistorisch nicht uninteressante Stelle weggelassen.*

# Das dritt Capitel

*Darinnen Häute und ein Kutscher werden gegerbet und eine Braut in zween Betten geräth.*

Da nun die Frag einer Handwercksiehr für ihr Söhnlein gekommen, waren meine guten Parenten darin einig, mich der Gerberlehr zu überantworten, sintemahlen die Gerber wohlhabende Leutt gewest, und wenn der Wind von Mitternacht die Düfft vom Gerberbach herwehete, hiess es im Stättlein: Es stincket nach Geld. Mir hat der scharff würtzig Geruch schon von Kindheit an wolgefallen, und auch dass es hiess, ein Gerber bleibet noch im Grabe wolconserviret, weil er von sovielen Essenzen durchzogen, erschien mir als ein angenehme Fürstellung.
Mein künfftiger Meister, zu dem mich der Vater hingeführet, hiess Sebastian Rintfleisch, ein Nam, der sich recht wol zu seinem Gewerbe schickete. Er war ein feister Mann mit rothen Bäcklein und einem runden Wanste, darüber sich die braune Lederschürtzen spannete, aber auch von rechter Hertzensgüt, die ihn nur selten einen Lehrling tachteln oder gar mit dem Fusse tracktiren liess.
Ich war sogleich mit rechtem Eifer am Werck, die glitschenden stinckenden Häut vom Lager zum Bach zu schleppen, wo wir Lehrling sie wuschen und an Stangen zum Trücknen hängeten. Auch durfften wir die geschnippelte braune Lohe, die nach dem Walde hatt gedufftet, von den Fuhren laden und zu Häuflein auffschauffeln. Die Gesellen standen derweylen mit dem Meister in den Gewölben und rühreten in einem gar dicken Brodem in den Bottichen, darin sie die Häut gerbeten. Solches in drey Lehrjahren zu erreichen, war mein Lebensziel, und hab ichs auch in der rechten Frist geschaffet, wobey ich allmählich auch von al-

len guten Mixturen der Gerberküchen ward durchzogen, sodass mich die Freund noch in der Nacht am schieren Geruche erkannten. Auch seind meine Muskeln so starck worden, dass ich des Hufschmieds Marthel hab niedergezwungen, wann und wo ich gewollt.
Wir hatten die Jahr her ein recht freundlich Verhältnis zu einander gewonnen, und war da kein Feldscheuer, Stadel und Scheun, die wir nit inspitziret und mit jugendlichen Spielen erfüllet. Haben uns dabey auch niemahlen erwischen lassen. Nur hatt ein Bauersmann beim Wochenmarkte gesagt, als er jüngst Stroh aus der Scheuer geholet, hett es nach Gerber gestuncken. War aber eitel Lug, denn ich und Marthlein hatten die Scheuer gute acht Täg zuvor beehret, und müssen uns wol der Bauer und sein Weib haben herauskommen sehen, und wollten uns nur am Zeuge flikken.
Als ich Gesell bin worden — die Mitgesellen haben mich des zu Ehren nackend in einen Bottich mit Gerberbrühen getauchet, auf dass ich für Leben und Todt conserviret sey —, schiens dem Marthlein und mir an der Zeyt, uns aufbieten zu lassen, da sich bei ihr unterm Mieder etwas zu regen begonnen, was kein Weps gewest.
Haben geheirath an einem gar schönen Tag im Oktober, da die Kinder die Drachen haben steigen lassen und die Dreschflegel im Tackte die grosse Festtägstrommel gerühret. So sehr war das Flegelgethön in der reinen Hirgstlufft* zu vernehmen, dass der alth Küster von St. Johannis die Glocken hat lassen mitschwingen im Tackte der Drescher. Nun ist aber bei dieser Hochzeit ein curios Ding passiret, davon ich will berichten.
Ist nemlich ein Privilegium der Hufschmied gewest, dass sie ihre Töchter durfften in Kutschen vierelang zur Kirch lassen fahren, was ansonsten nur dem Adel permittiret worden. Dem Schellner als einem reichen Manne, welcher

* *Wohl Herbstluft.*

ohnehin die Hochzeit mit allem Glantz und Gloria hat feyren wollen, und für drei Täg den Saal im ›Schwanen‹ hatt besetzt, war dies hertzlich willkommen. Er bestellete also im Dörfflein Lichtenaue, das eine Meyle Wegs vor der Statt gelegen, bey einem Fuhrhalter die vier Schimmelrösser, so dieser für Hochzeiten im Lande parat hielt. War aber wol sieben Jahre her, dass zum letzten Mahle alle vier gemeinsam im Geschirr gegangen, da ein Adelsherr zu Lausnitz hatt gefreyet. Nun sollten dem Marthlein und mir die nemlichen Ehren widerfahren und hatt der Schellner alle sechzehn Hufe neu beschlagen lassen, auch neue Trensen und Zaumzeug beschaffet und Schellenglöcklein, dass gar ein jeder im Stättel sollt hören, wie da angesehener Bürger Kinder mitnand zum Althare schritten.
War auch schier die gantze Stadt auf den Beinen und erfüllte St. Johannis, darin uns der Pfarrer zusammenthat, wiewol wirs schon lägst gewest. Mitten im heyligen Acte fiel mir ein, dass der nämlich geistlige Herr einst hatt einen grossen Zorn wider mich gehabt, weyl ich ihm bei der Heiligen Tauff ins geweiht Wasser hatt gepieselt und hatts der Mutter eine Sauerey genennet. Hab deswegen lachen müssen, als er mir das ›Ja‹ abverlangete und muss dieser mich drumb wol auch für einen verstockt ohnverbesserlichen Sünder gehalten haben.
Als wir unter Orgelklang hinausgetreten in den Nachmittag, ist wol die Kutschen mit den vier Rössern dagewest, doch hat der Fuhrhalter auf dem Bock gefehlet. Die Gäst seind zum ›Schwanen‹ gangen, und wir haben gewart, da wir meineten, dass der Kutscher seine Zossen nit würd lang allein lassen. Doch ist selbiger Fuhrhalter ein grosser Sauffaus gewest, der schon offt über Bier und Schnaps Heu und Habern hatt vergessen. Da er nit kam, sag ich zum Marthlein, das nun im dünnen weissen Gewande in der Hirgstluft das Frieren bekam:
»Fahr dich lieber selbst zum Schwanen. Trau mir die Krafft dafür wol zu.«

Setzete mich also auf den Bock, schnaltzte und liess die Zügel locker. Und, heidi, liefen meine Zossen los. Waren aber nimmer zum Halten, auch als wir längst beim ›Schwanen‹ vorbeygekommen. Rannten durchs Thor hinaus, die grosse Allee gen Sonnenuntergang und liessen sich nit bremsen weder durch Zerren am Zügel, noch durch »Brrrr« und Schreyn und Fluchen. Sie galoppierten weiter und haben geklingelt, dass die Bauern auf den Feldern haben gemeinet, es sey die wilde Jagd. Und war wol auch der Anblick sonderbar: die Braut, die sich hinten ängstlich hat festgehalten und der Schleier ist ihr weit weggewehet, und der Hochzeiter droben auf dem Kutschbock. So mögens manche gar für eine Entführung haben gehalten. Seind aber die vermaledeiten Zossen nur dem Stalle zugethrabt, und haben wir die zween Stunden Fusswegs bis Lichtenaue in einer halben Stunde geschaffet.
In Lichtenaue seind die prächtig aufgeputzten Schimmel durchs offen Hoftor in des Fuhrhalters Besitzthum und schnaubend stehengeblieben.
»Was thun wir itzt?« sag ich, wend mich vom Kutschbock umb und seh Marthen ohn Farb im Antlitz in die Polster gekauert.
»Bring die Teuffel in den Stall«, rufts Marthel mit einem klein bebend Stimmlein. »Doch lass mich zuvörderst absteigen; denn nie mehr will ich mit denen zu thun haben.«
»Magst wohl auch nimmer heyrathen?« schertz ich, indem ich ihr vom Tritt helf.
Hatt mein Fraulein ganz kalte Händ und hab sie sogleich müssen ins Haus führen, das leer gewest, aber offengestanden. So gefroren und gezittert hat das arm Ding, dass ich sie ins Bett des Fuhrhalters gestecket, welches in der Kammer gleichfalls offengestanden. Hab sie warmgerieben und haben wol auch die Hochzeitsnacht zur Abendstund ein wenig vorgeprobet, da nun zur Pflicht geworden, was wir vordem offt aus freier Neigung augeübet.
Als die Rösser im Hofe seind unruhig geworden, in die

Lüfft gestiegen und haben ein wild Geklingel begonnen, sag ich zu Marthen:
»Warth ein wenig im Bette, will nur die Zossen aus dem Weg schaffen.«
»Aber die Stallthor seind doch zu«, meint das Marthlein und hatt recht gehabt.
»So fahr ich herumb und schau, obs über die Scheuer ein Zugang gibt oder bind sie im Garten an einen von denen Obstbäum. Ist mir gleich, was ihnen da geschieht.«
Geh also ausser, mach die Zügel los und schwing mich auf den Bock, und naus gehts zum Hof. Ich hab wollen lenken umb das Gehöft herumb, aber das Satansviechzeug ist davongerennet, wieder auf die Strassen und zur Statt zurück. Hat wieder kein »Brrr« und kein Zerren und Schreyn geholfen, mit Klingeling und Geschnaub machen die vier Schimmel abermahlen den gantzen Weg, der für sie ja recht eigentlich ihr Lebensberuf gewest. Hören unterwegs das Aveglöcklein leuten, und wie wir vors Statt-Thor kommen, ists Thor schon zu. Der Thorwärthel kommt eilends herbey, meinet wol, dass eine Extrapost importante Leuth bringet, die ein gutes Trinckgeld verheyssen. Schaut aber wie närrisch, als er den Bräutigam vom Nachmittage auf dem Bock erblicket.
»Hast die Braut umbracht, Hannes?« ruft er erschrocken.
»Machs Thor auf«, schrey ich dawider. »Die Teuffelsbraten fahren mich allweil zwischen der Statt und der Lichtenaue hin und her. Will schaun, dass sie drin stehn bleiben. Weisst nit, wo der Fuhrhalter ist?«
»Der säufft seit sechs Stund im Rathskeller oder lieget allbereits unterm Tisch«, sagt der Wärthel, indem er die Riegel vom Thor wegschiebet. »Bring ihn dir zur Kirch. Dort halten die Ross bestimmt.«
Da galoppirten wir auch schon wieder los, durchs offene Statt-Thor, mit grossem Geklingel, und unter meines Schwiegervaters neuen Hufen seind die Funken vom Pflaster gespritzt. Aber der Wärthel hatt recht gehabt. Vor St.

Johann seind die Zossen stehenblieben, ohne dass ich ein Worth gesaget oder eine Bewegung mit dem Zügel gemacht. Haben arthig gestanden, ein wenig mit den Füssen gekratzet, und haben sich die mistigen Äser recht wie Lämmlein gebärdet. Ich aber bin droben blieben auf dem Bocke, bis der Wärthel hatt den Fuhrhalter herbeygebracht.

Hat dies wol ein Viertelstund gedauret, und ist noch ein Zechkumpan mitkommen, weil sie den Fuhrhalter haben zwischen sich getragen. Ist dieser voll gewest wie ein Kanon und hatt nit gemerckt, wie sie ihn in die Kutschen haben gelegt, wo er sogleich ein Sägen und Röhren begonnen, dass es im Glockenstuhl von St. Johannis ertzen hat widergehallt. Nur die Rösser hats gefreuet, dieweilen sie die Stimm ihres Herrn gehöret, und haben sich freundlich nach ihm umbgeblickt.

So musst ich denn ein drittesmahl den vermaledeyten Weg nach der Lichtenaue in der hohen Mitternacht zurück. Aber da mich nun die grosse Wuth gepacket, hab ich die Peitschen über die Bestien hinsausen lassen, hab geschrien Hussa! und Ho! recht wie ein Kasack und seind mitnand gewest wie die wilde Jagd. Den Fuhrhalter hats auf der Schotterstrassen erbärmlich gestossen und hat gestöhnet und wol auch viel vom Alcohole wieder von sich geben müssen. Als wir in seinem Hof gehalten, ist er herausgekrochen und hat blöds Zeug gelallet. Ich aber hab ihn ohn ein Wort lassen stehn und bin sogleich zu Marthlein ins Bett, da sie Todtsängsten ausgestanden wegen meiner und sich nun arg lieb an mich hingekuschelt.

Wär so wol doch noch ein rechte Hochzeitsnacht worden, wenn nit eine halb Stund später der besoffene Fuhrhalter wär in die Kammer gekommen und hätt sich auszogen und in sein Bett wollen. Da bin ich herausgefahren, wiewol ohn all Kleidung am Leibe, und hab ihn so nach Leibeskräften gebläut, gewalcket und gegerbet, wie ichs in meinem christlichen Handwerck gelernet und darin bis zur Ge-

sellenschaft gebracht. Doch war solches schon ein Meisterarbeit und hab ihn zum Abschluss noch ein wenig getachtelt und gevotzet, dass ihm das Bluth aus der Nasen geronnen und er um Gotts Barmherzigkeit geflehet.
Die hab ich ihm denn auch am End lassen, bin in die Hosen gefahren, hab die Marthel in ihren Brautstaat gekleidt, und seind wir inmitten der kalthen Nacht zu Füssen die zween Stund Weges heimwärts und beim Thorwärthel, welcher nun völlig verstört gewest, wieder herein, in das noch jungfräulich Bett daheym, das wir, ohngeacht aller Strapatzen, umb seinen Ruhm gebracht, und haben darin auch geschlafen bis zum folgenden Abend.
Dann seind wir im ›Schwanen‹ unter die Gäst getreten, welche nunmehro die zweyte Nacht unsre Heyrath gefeyret, und hats viel Lamento und Geflüster umb unser Wegbleiben gegeben, doch auch wol Ergetzen und ein heimlich augenplierend Getuschel.
Ist da auch ein Zigeunerweib gewest, das denen Gästen die Zukunft hat geweissaget und ist von meinem Mütterlein gefraget worden, was es wol mit all der Merckwürdigkeit auff sich hett, die mir in der Nacht zugestossen.
»Wird der jung Ehemann ein unstäts Leben führen«, sagts Zigeunerweib. »Wird viel Länder, Stätt und Menschen kennenlernen.«
Hab mich drob sehr verwundert, da solches nit Gerbersarth ist, und mein jungs Ehweib fragte die Landfahrende, ob denn auch ihr solch schweres Geschick zugedacht sey.
Die Braune schauet ihr in die offen Hand und saget:
»Du wirst daheym die Kindlein hüten, schönes Fraulein, viele Kindlein.«
Da hat die Marthe zum ersten und leider nit zum letzten Mahle im Leben bös auf mich hergeschauet. Und ist die Weissagung auch wahr worden, da wir schon nach sechs Monaten drey Büblein haben vom Himmel empfangen und es mich später nach allen vier Winden in der Welt umbgetrieben.

Umb den reichen Segen in der Wiegen hat es hernachen unter den Bürgern der Statt manch Gespött gegeben und haben gesagt:
»Es kommet dies alles wol davon, dass die jungen Eheleut in der Hochzeitsnacht mit vier Rössern dreymal über Land gefahren und in zween Betten geschlafen.«

## Das viertt Capitel

*Es tauchet im Güldenen Leuen ein führnehmer Herr auf, dem nichts hat säuisch genug sein können.*

Nun hab ich ein lange Zeit das Bett nit mehr wechseln müssen und seind auch nur jeds Jahr ein Büblein oder Maidlein zur Welt gekommen, nimmer ein Pärlein oder gar ein Dreigespann. Hab redlich meine Pflicht gethan im Bette und an denen Walcktrögen in der Gerberey, und bin auch Meister worden in beidem. Nur hab ich manchesmal vermeynet, es sey lustiger gewest, als ich als Lehrling hett die duftende Loh dürfen schauffeln oder da nach dem Beerenpflücken in der Feldscheun die Arnika trücknenden Glokkenblum ihr süss Rüchlein gehabt.

Ist eins Tags nach dem Vater auch das lieb Mütterlein, die Anna Kathrin Schwärtlein, gewesene Schultzin, seelig im Herrn verschieden und haben ihr schön dauerhaffte Kreutz und Kräntz aus Hanf und Werg auf den Hügel geleget. Hatt aber das Geschäft für den Galgenberg ihr Wittiber, des Vaters vormaliger Altgesell, weitertrieben, der umb zwanzig Jahr jünger gewest als die Mutter, und hatt der sich wiederumb ein Weib ins fröhliche Ehbett der Schwärtlein geholet, ein Jungffer, welche war umb zwantzig Jahr jünger denn er und hatts Krantzflechten erlernet. So ist denn noch für ein lange Zeit vorgesorget gewest, dass die Dieb und Mörder den gerechten Halsschmuck und die seelig Verblichenen den rechten Grabschmuck aus der vormalig Schwärtleinschen Werckstätt bekamen.

Und wär wol dies auch mein künfftig Los gewest, dass ich unter einem grasgrünen Hanffkreutzlein, dem letzten Seilschnipfel vom Heilsbringer für einen Langfinger oder Hu-

renbock, meine ewige Ruh gefunden hett, wenn nit bei unserm Meistertisch im Güldenen Leuen an einem Abend ein Reisender wär erschienen und hett höflich gebeten, hinsitzen zu dürffen. Seind an jenem Abend da gewesen Stoffel Pfeill, der Schuster, Schnautz Schlechthaus, der Stadtpfeiffer, und Jörgel Rübsam, der Beck, ein guthe Kumpaney redlicher Leut, welche allweil einen kräfftigen Witz, ein starck Bier und ein gesund Bruntzen haben geliebet. Haben denn auch den Reisenden gern bey uns sitzen lassen.
Der Herr, welcher ein wenig das Bein nachschleiffete, hat eine ungesund gelbliche Gesichtsfarbe gehabt und ein curios Deutsch geredet, auch untermischet mit fremden Brocken, welche ich seit meiner Landsknechtzeyt als Welsch und wol auch Brittisch hab kennengelernt.
»Salü«, saget er denn auch sogleich, als die Leuen-Wirthin, ein bieder rechtschaffen Weib, an den Tisch tritt und nach des Herrn Begehr fragt.
Antwort der Reisende hierauf:
»Ein Bett, dahinein ein unberührt Jungffer und zum Trincken ein Wixi*.«
Ich und meine Kumpan hetten über den Spassvogel hertzlich gelachet, doch das einfältig Weib saget:
»Ein Bett können der Herr haben, ein Jüngferlein nit — da müsset ihr ins Hurenhaus gehn — —!«
»Wo ihr keine Jungffer findt«, schreyet der Schnautz dazwischen.
»Und das dritte ist ein blöds Witzlein, damit ihr ein ehrbare Wirtsfrau nit solltet zum besten halten.«
»Merssi«, saget der Herr, »so nehm ich von euch das Bett und mach mir die beiden andern Ding selber.«
»Auch ein Jüngfferlein für mich«, grunzet der Beck dazwischen »meiner Althen ist allbereits zuviel Sauerteig beygemischet.«
Doch hat die Wirtsfrau so lästerlich Reden nit haben hören

* *Whisky (?)*

mögen und drohete dem Fremdling, so die Polizei würd in seinem Bett ein Frauensstück finden, würd es ihm gar schlecht ergehen.
»Schöne Madam«, giebt der Fremdling zur Antworth und macht der alten Ziefern ein paar Äuglein hin, dass sie ist roth und verwirret worden, »ich weiss mich trefflich mit der Polizei abzufinden*. Und möcht mit den Mossjöhs hier um ein Sack Ducaten wetten, dass die Constabler im Bett nichts anders würden finden, denn ein paar Wäntzlein.«
Da kreischet die Wirtin:
»Nit eine Wantz ist im Haus. Hatten erst letzte Woch einen Wunderdocktor vom Jahrmarckte hier, welcher dem Hausknecht hatt einen Bruch eingedrücket und alle Wantz und Flöh aus dem Haus gebannet.«
»So werd ich ihr auch davon neue machen«, saget der Fremdling hinter ihr drein, da sie gegangen, uns vier neue Humpen zu holen, und ist unter uns des Gelächters schier kein End gewest.
Bracht doch dieser Bursch ein frisch Windlein aus der grossen Welt in unser Stättlein, da die meisten Fremdling selbigs nur in ihren Chaisen und Dillischangsen rasch passiret, beim Neunhöffer Thor herein und beim Triptitzer wieder hinaus.
»Nun, Schädelmänn**«, meynet der mit dem Hinckefuss, »wisset ihr etzliche säuische Witz?«
Da hat sich sogleich voll Eyffers ein jeder der Handwercksmeister gemeldt und hat wollen erzähln. Ich hab müssen den Anfang machen und erwälete mir etwas aus des seeligen Vaters ehrlichem Gewerb. Sag also:
»Ist bey unsern Vorältern der Brauch gewest, dass auff dem Galgenberg beim Hochgerichte der Hencker, welcher dem Inculpanten schon den Strick umb den Hals geleget, just

* *siehe Goethe ›Faust‹ I, V. 3716.*
** *Offenbar Gentlemen = meine Herren.*

noch einmal in der Runden fraget: ›Mag ein rein Jungfrauw unter euch selbigem Inculpanten eine Nacht lang zu Willen seyn, so ist derselbe frey vom Bluthbann erlöset!‹ War aber nie ein Maidlein gewest, das solches hett auf sich genommen, und ist dem Volcke immer sein Vergnügen blieben. Einmal aber, da wieder der Hencker seine Frag gethan, rufet eine Weiberstimm: ›Hier. Ich wills.‹ Da schauet der Mörder die Jungfrauw an, für die ein jeder in der Statt die Händ hett ins Feuer gelegt, dass sie zeitlebens ein solche gewest, schauet zum Strick an seinem Halse, deut dem Hencker mit dem Daum zum Galgen und saget: ›Nuff!‹«

Meine Kumpan kreischen, wiewohl sie den Witz schon oft gehöret, und der Stoffel erkläret dem Fremdling:

»Ist nemlich ein schiech garstig Vettel gewest, die Jungfrauw.«

Der Fremd antwortet:

»Hab's schon verstanden«, lacht aber nit.

Sagt dazu weitershin:

»Den Bluthbann mag ich nit. Und war auch der Witz nit im mindesten säuisch.«

Da hat sich nun der Schuster hervorgethan und einen herausgelassen, der noch einen alten Landsknechtsstiebel hett zum Erröten bringen können. Doch der Herr sagt:

»Den kenn ich. Habt ihr nit einen neuen und säuischern?«

Jetzt haben wir alle uns der Reih nach angestrengt. Der Schnautz hatt einen aus der Schweiz gekannt, bei dem er selber noch ist roth worden, und der Jörgel einen aus baltischen Landen, welcher so starck gewest, dass einstens einen Kasackenhauptmann der Schlag davon getroffen. Doch hett der Fremde nit einmal den Mund verzogen, wiewohl wir schweinigleten, dass uns der Schweyss über die Backen geloffen und haben viel Einbeckisch Bier dazu trincken müssen. Immer hatt er gesaget, dies alles sey ihm wohlbekannt und wol eher für ein sittsam Nonnenkloster oder ein Stift adliger Jungfräulein recht.

Da rufet der Stoffel:
»Könnt ihr aber auffs Commando furtzen?«, und da er grad einen auff der Pfanne hatt, lasset er ihn mit einem tiefen Thone heraus, welcher wie ein Orgelbass geklungen. Und Schnautz, der Stadtpfeiffer, schicket einen nach, einen rechten Jungfernpup, der wie ein Flötenthönlein gepiepset. Haben alle nimmer können vor Lachen. Nur der Fremdling lacht noch immer nit. Sagt:
»Ich furtz euch die gantze Oktav herauff und hinunter«, und hats sogleich than, dass es ob der Akkuratess der Thön uns hat die Red verschlagen vor hertzlicher Bewunderung*.
»Ihr seid gewiss ein Zauberkünstler«, sagt die Wirthin, welcher auch die Thränen über die Backen geloffen.
»Nennet es so, Madam«, saget er galant, »doch werdet ihr mich nit auf Messen, Märckten und dergleichen Orthen finden. Treib meine Künst aus freier Profession. Nennet mich Schohmann**, Tellerwisch-Honeur*** oder wie sonst ihr möget. Name ist Schall und Rauch†! Doch wenns euch schon am Witze ermanglet, Mossjöhs, sollt ihr zeigen, dass ihrs Sauffen vermöget. Ihr seyd meine Gäst — was wünschet ihr?«
Nun haben wir dem Spassvogel nit allzu sehr gethrauet, doch wärs uns wol recht gewest, wenn wir auch einmahl ihn hetten auffs Kreutz legen können, und hatt sich der Beck sogleich einen frantzösisch Schampagner gewunschen, der Schuster ein lichtenhainisch Starckbier, der Pfeiffer einen Rothen aus Burgund, und ich, der ich ein Buch besessen, darein alle Wunder der vier Erdtheil aufgezeichnet gewest, hab mir ein Weinlein gewunschen, das auff einem feuerspeiend Berg gewachsen, geheissen Lacrimae Christi, als da ist übersetzet: ›die Thränen des Herrn‹.

* *Physiologisch und musikalisch wenig glaubwürdig.*
** *Vermutlich Showman.*
*** *Televisionär? Vorausdeutung auf heutige Fernsehprogramme?*
† *Offenbar blasphemische Voranspielung auf Goethe: ›Faust‹ I, V. 3457.*

»Ich bedien euch, Mossjöhs«, sagt er und nennet uns wieder nit ›Meister‹, wie sichs hett gehöret, machet ein Brimborium am höltzern Tisch, murmelt seltsame Worth, bis da schlägt ein mächtige Flamm heraus, welche uns alle gar hefftig entsetzet, und hält eins jeden Glas darunter.
Schluckt der Jörgel, kneiffet die Augen gelüstig zusamm und sagt:
»Müsst wol Schampagner von den Welschen seind!«
Der Stoffel giesset gleich den ganzen Humpen in sich hinein, leckt sich die Lippen und brüllet:
»Das best Lichtenhainisch, das ich je gesoffen!«
Und mein Schnautz wetzts Schnäutzlein so inniglich am Burgunderglase, dass ihm der rothe Safft übers Kinn triefet. Doch bin wol ich der Gescheytest gewest, wiewol der Fremdling den Namen des HERRN nit hat herausgebracht und hat müssen husten, wie er ihn mir kredentzet; denn es seind diese Thränen Christi ein so gar köstlich süsser Tranck gewest, dass man meinet zu wissen, was himmlischer Necktar und Ambrosia seyn müssen.
Doch eh wir noch kunnten dancken und den Edelmuth unsres Gastherrn preysen, saget der:
»Und mir allnun den Wixi«, halts Glas untern Tisch und rinnet ihm ein brauns Gesöff hinein, das er sogleich beginnet genüsslich zu sauffen.
»Lassts mich schmecken«, sagt der Jörgel, und der frembde Mensch reicht ihms Glas hin.
Nimmts der Jörgel ans Maul und speibet alles wieder von sich, dem Fremden mitten ins Gesicht.
»Pfui!! Schmecket wie Stroh und Pisse«, schreyet er und spült sichs Maul mit dem frantzösischen Schampagner.
Da hatts nun ein wild Getümmel geben, denn der Schuster hatt vor Wuth wollen dem Fremden an den Leyb, ich bin so besoffen gewest, dass ich dem Schnautz hab die Visaschen poliret, und der Beck hatt den Schuster gewalcket, als wärs ein Brothteig. Auf einmal ist in der Wirthsstuben ein Rauch worden, die Wirthin schreyt: »Zu Hülff, es bren-

net«, und haben alle auf der Erden gelegen, und hat ein jeder des andern Nasen in der Hand gehalten. Und der Frembdling, dem wir ob seiner Grossmäuligkeit hätten eins verpassen wollen, ist aus der Stuben gewest.*

»Der Gottseybeyuns«, kreischt die Wirthin. »Wird auch nit eine Minuth länger unter meinem Dach bleiben. Werd den Gülden Leuen neu weihen lassen müssen.«

Da ist der Kerl auch schon wieder unter der Thür gestanden und saget:

»Dass ichs nit vergess und wegen der Registratur einer löblichen Politzei: Mein Nam ist Baron Montsalvari. Hier ist des Kaysers Schutzbrief und Sigillum.«

Dabey entbreytet er ein mächtig Pergament mit des Kaysers Namenszug propriu manu**, dass wir alle, zerrauffet und zerschlagen wie wir seind gewest, haben Mund und Nasen auffgesperret.

»Pardong, sennjores«, saget er mit einem Kratzfuss zu uns hin, »hab heunt ein wenig viel geschertzet. Hoff aber, die Herren morgen wiederzusehen zu einer klugen Red und Disputation. Orewoahr***.«

»Kumm nit«, murrte der Jörgel, als der kaysserlich Baron ist drausst gewest, und haben alle gelobet, wollten mit einem solchen nit wieder beysammensein.

Seind aber doch fast alle wiederkommen den folgenden Tag, und durch solches hat sich mein künfftigs Leben und Geschick neu entschieden, wie ich in kurtzem werd berichten müssen.

* *Starke Ähnlichkeit mit Goethe ›Faust‹ I, V. 2299 ff.*

** *Lateinisch = eigenhändig.*

*** *Au revoir, französisch = Auf Wiedersehen.*

## Das fünft Capitel

*Darinnen es recht grausig zugeht,*
*sie im Jahre 2000 vom Schweigen Bildlein machen*
*und ich aufs letzt meinen Namen schreib.*

Da ich anheb zu schreiben, was nunmehro folgt, weiss ich, dass solches mein Leben hat neu und wunderlich, wol auch offt wundersam gemachet, da es nun in eine grosse Bewegung gerathen, mich durch vieler Herren Länder, unter Christen und Heyden hat geführet, mich dem liebevollen Schosse von Weib und Kindern, von Freund und Kumpanen hat entrissen, zugleich auch den Stätten meines heymathlichen Wirckens und Walckens im Gerbervierthel, worinnen ich, seit sich die Säfft in mir ein wenig beruhiget hatten, still und bescheiden gelebet und würds wol auch so bis zum seeligen End haben gehalten. Doch der Baron von Montsalvari, welcher ein gantz anderer gewest, wie ich noch erfahren musst, hat solches nit gewollt und mich in einen gar wilden Strudel gestürtzet.

Weiss noch, was für ein Tag ist gewest, als ich umb die Dämmerstund wieder bin zum ›Güldenen Leuen‹ gegangen, und war schon die heylig Weihnacht nah und haben die Kinder das Fragen begonnen, was wol der Nicolo unds Christkindl ihnen würden bringen — hatt eben damals die noch gewitztere Nachfahrin meiner Mutter seelig im Schwärtleinbette angefangen, aus den von denen Todtengedencktäg übrigbleibenden Kreutzlein und Wergkräntzlein mannigfach Spielzeug insonderheit für die Maidlein zu fertigen, worauf sich mein kleins Völckchen daheim zu spitzen begunnte.

Ist auch der erste Schnee gefallen auff meinem Weg zum Wirthshause, und seind auch schon Bauren aus den Thälerdörfern mit dem Rösserschlitten und gar anmuthigen Schellengeläuthe durchs Stättel gefahren. War eben just das Wetter, da einen danach gelüstet, die Äpffel in die Röhren zu legen, die Stieffel zu tranen und sein Inwendigs fein sauber auszuputzen für die Geburt des Heylands. Hats auch aus der Kirchen zu St. Johannis gar feyn und lieblich gethönet von Schalmeyen und Flöthen, worunter ich die vom Schnautzen Schlechthaus durch ihr spitz Qinquilieren hab herauszuhören gemeynt.

Ist dies wol des Flöthers Schlechthaus Glück gewest, da er, wie ich, beim Magister Hochmuth in die Lehr gegangen und hett schreiben können, ist aber wegen der Adventsprob nit ins Wirtshaus kommen, wo sich ausser mir nur Pfeill, der Schuster, und Rübsam, der Beck, noch eingefunden. Hatten beyde noch einen dicken Schädel von des Barons Bier- und Weingärtlein, dem eichen Tisch, und war auch mir des Nachts und am Morgen nit recht wol gewest, da mir die heyligen Thränen arg im Schädel gebrummet. Doch die Gerberwürtz in der Werckstatt hatt solches ausgetrieben und war mir nun wieder so guth zumute, daß ichs dem Frembdling hett heymzahlen mögen, so er uns wieder mit Zauberstücklein hett vexiret.

Wie wir im Leuen in die Stuben getreten, ist nur die Wirthin dagewest. Sagt sogleich, der Baron mit dem kayserlichen Sigillum hett alles in Goldducaten ehrlich gezahlet, was er vornächtens in der Stub hatt angerichtet, und hett sich überhaupt sehr feyn und manirlich benommen, so dass er auch kein Jüngferlein mit ins Bett genommen.

»Wirds wol mit keiner mehr können, das Gelbgesicht«, sagt hierauf der Stoffel Pfeill.

»Nur wie er in der Früh zum Müslein heruntergekommen«, fährt die Wirthin fort, »sagt er, das Bett sey voll gewest von Wantz und Flöhen. Habs nit wollen glauben und bin mit hinauff und ist wircklich so gewest. Seind sogar Schaben in der Türritzen gewest. Er strecket nur seine

Hand aus und sagt: ›Madamm, wolla‹* — was wol ein femds Wörtel ist. Und ich hab lamentiret und den Artzt vom Jahrmarkt, so das Geziefer gebannet, in die unterste Höll gewunschen, wo er dem Baron, wie er gesaget, sehr lieb wär gewest. Sagt er auch mit Culanz zu mir: so ich ihm die Goldducaten würd zurückgeben, die er mir vorher gezahlet, würd er mir die Läus, Flöh und Schaben samt denen Eyern zerstören. Denn es hett derselbig Artzt vom Jahrmarckt verabsäumet, den Eyerlein von dem Geziefer den Garaus zu machen.«

»Und habt ihr ihms Geld wiedergegeben?« fragt der Jörgel.

»Habs ihm geben, und ist mein Haus nunmehro durch die Geschicklichkeit des Herrn Baron so reyn, daß keyner Printzessin mehr kunnt ein falschs Geschöpf unters Hemdlein rutschen.«

»Wenn ihr dafür nur das rechte hineinrutschet«, sagt der Stoffel und gibt dem Jörg einen Renner in die Seiten, weyl wir doch gewusst, wie der Malefikant am Abend zuvor gesagt, dass er selbst würd der Wirthin das Geziefer machen. Doch haben wir nit länger drüber reden können, denn es ist mit einem Mahle das hinckend Gelbgesicht wieder mitten unter uns gestanden, und meyn auch, es sey ein Rüchlein von Schwefel umb ihn gewest.

Er grüsset sehr artig, entschuldigt sich des vorigen Missverstandes, saget, es sey ihm gestrig unterlauffen, dass wir zuviel getruncken und lädt uns ein, heunt nur der Wirthin leicht süffigs Bierlein zu uns zu nehmen und dazu ein bescheydenes Mahl von Spanferckeln, gebratenen Täubchen und etlichem Wildbredt.

So hats ein guth Schmaussen und artig Poculiren geben, der Baron hat uns vorgeleget, und ist uns das Wasser nuntergeloffen von der Fresserey und haben gerülpset wie die Eber.

* *Offenbar französisch voilà = hier ist es oder hier sind sie.*

»Erzählet doch Geschichtlein aus euerm Leben und von euerem Handwerk, sinnjori*«, sagt der Monatsalvari. »Dass wir haben ein guth Unterhaltung zum Mahle.«
Haben aber nit wollen, da wir schon mit unsern besten Witzlein vor ihm kein Gnad gefunden, und was hetten wir ihm auch vom Schuhsolen, Teigrühren und dem Fellgerben können sonderlichs erzählen.
»Soll ich euch etwas erzählen?« fraget also der Frembde.
»Nur zu«, saget der Stoffel, »gewiss habt ihr mehr von teutschen Landen gesehn als drey einheimisch teutsche Handwercksmeister.«
Da fänget nun der ander sogleich kräfftig das Lügen an und meynet, es käm in ein paar Jahrtausend schon so allerhand zusamm, und ob er uns sollt berichten von der Zeyt um zweytausend Jahr zurück oder vom Jahr 2000, das dereinst würd kommen. Wir haben gegrinset, doch hett er gethan, als thät ers nit mercken und saget:
»Ich denck, ich werd euch vom Künftigen erzähln, denn die Geschichten von Adam und seinem Weybe, von der lieben Schlang, vom trunckenen Noah und von Sulamith mit den hübschen Brüstlein wüsst ein jeds Kind dem Katecheten auffzusagen.«
»Meinet ihrs Jahr 2000 nach Christum?« fraget der Stoffel.
Der Baron speibet zu Boden und saget:
»Zweitausend nach der Zeitrechnung. Fahren dann die Leuth in schnellen Wagen ohne Pferd und rasen in solchen durch die Lüffte.«
»Seins also Engel, seelig abgeschieden?« fraget der Stoffel neugierig.
»Störet mich nit durchs Zwischenreden«, saget der Baron streng. »Scheiden gewiss die Leuth dann schneller ab, denn heunt, durch die schnellen Wagen und die Lufftfahrzeug. Seinds uns im Sterben wie im Morden voraus. Mit einem Geschoss könnens alle Menschen auf Erden, viel hundert

* *Italienisch signori = meine Herren.*

Millionen, auf einmal umbringen. Jede Nation bauet drumb solche Geschoss und möchts als erste abschiessen.«
»Warum«, frag ich, »wenn sie davon auch mit all ihre Leut todt gehent? Das wär doch das Dümmst auff der Welt.«
»Sagst du«, meynet der Baron, »aber sags denen vom Jahr 2000. Die seind so ertzsupergescheid, dass sie schon wieder tumb sein und ist in ihrem Hirn ein Finsternis wie in einem Hundsarsch.«
»Gotts Geschöpff so zu schmähen!« rufet da der Jörg zornig dazwischen.
»Dies nun alleyn nennen sie sich nit — ein guther Zug an ihnen«, fähret der Montsalvari fort. »Haben dann sogar Maschinen, so für sie arbeiten.«
Ich lach. »Maschinen, so arbeiten? Welche die Fell gerben? Das wirds nie geben.«
»Sie haben sogar Maschinen, die denken. Philosophie und Theologie und so brothlose Künst seind abgeschafft. Sie drücken auf ein Knöpfflein an einem eysern Kästlein, und sogleich speibet ihnen das Kästlein alls heraus, was von Plato und Sokrat, welche sich haben Weise genennet, bis zum Augustin und jetzo ist gedacht und speckulieret worden.«
»Was aber thuns, wenns für sie kein Arbeit mehr gibt?« frag ich wieder voll Misstrauens.
»Sich umbringen, weyls kein Arbeit haben und aus Langeweile. Einander umbringen— aus Langeweile. Die gantze Erden vernichten aus Langeweile.«
»Ihr meynet, das kömmt?« fragt der Stoffel und verziehts Maul gar ängstlich.
»Ich weiss, dass es kömmt«, sagt der Baron, »nur brauchts euch und eure Kinder und Kindeskind nit zu kümmern. Ist noch weit bis dahin. Doch kömmts.«
Der Stoffel seuffzet voll Erleichterung, und dem Jörgel muss was heraus, was ihn schon die gantze Zeit gedruckt hat.
»Sag, Baron«, fragt er, »wie haben sies nachher mit denen

Weyberleuth? Springens noch drauf und haben ihre Lust dran, wenn die Bettstatt recht krachet und machen jeds Jahr ihrn rechtschaffenen Bambsen?«

»Ahnungsvoller Bengel«, antworth der Baron, »sie treibens wol auch noch oft mit Frauen und Maidlein, nit nur den eigenen. Doch bringens auch die Bämbslein umb mit Pillen und Mixturen, eh sies noch gezeuget.«

»Nun lüget ihr aber die blaue Farben vom Firmament! Schweigt, dass nit die Wirthin höret solch ohnkeusch Reden«, zürnet wieder der Jörgel.

»Ohnkeusch gibts nit umbs Zweytausend«, fähret der Auffschneider fort. »Sie reden über alls, wovon ihr schweyget, es sey denn euern Weibern gegenüber, und unter denen Männerleuth am Stammtisch oder unter denen Landsknecht. Ja, sie machen sogar Bilder von dem, worüber ihr schweiget.«

»Sitzt ein Maler vorm Bette, darein sies treyben und malet es ihnen?« fraget der Schuster. »Damit sie später ein Erinnern davon haben, wenns nit mehr geht?«

»Ist ärger!« ruft der Baron. »Lassen tausendmal tausend Bildlein machen von allem, vom nackenden Fleische und vom Acte und zeigens allen solchen, die es wollen sehen und seind über achtzehn Jahr alth und zahlens. Seind hundert und tausend, Männlein und Weiblein, die solches zusammen betrachten, wies heunt zusammen in euren Kirchen sitzen.«

»Die Kirchen!« ruf ich, »die wird ein solch lästerlich Treyben kräfftiglich verdammen, wird Höll und Pech und Schwefel herabwünschen auf die Sünder und Hurenböck, auch im Jahr des HERRN Zweytausend noch. Des bin ich gewiss.«

Da grinset der Baron Montsalvari recht voll Widerwarts und saget: »Sie kommen in die Höll, sinnjori*, die Zweytausender — ist gewiss und solln dort auch willkommen

* *Signori, s. a. a. O.*

sein. Aber euer Gewissheit, Meisterlein, tauget nit viel! Denn die Clerici* rühmen solche Bildlein sogar, heissent sie wertvoll und geben ihren Segen drein, dass noch mehr vom geylen Ohnflath werd produciret und vorgeführet. Ey, da möcht ihr wol leben in solcher Wollust des Jahrs 2000?« grinset er und leckt sich die Lippen.

»Nit umbs Verrecken«, antwort der Stoffel.

»Nit umb die gülden Batzen, darumb ihr die Wirthin beschissen«, meint der Beck Jörg Rübsam.

Und ich sag: »Nit umb die Welt.«

Da kriegt der Montsalvari ein sonderbars Antlitz auf solches hin, schauet mir in die Augen, dass mir ohnheymlich wird und rufet:

»Verscherzet euch nit die Welt, Meisterlein, die ihr nit kennet. Mich thäts gelüsten, sie euch zu zeigen. Wollet ihr? Die Welt ist voll der herrlichsten Ding, von denen ihr kein Ahnung habt. Ihr sollt aber solche haben. Bin ein reicher Mann und machets mir ein gross Vergnügen. So ihr also Lust habet, unterschreybet nur dies mit euerm Namen.«

Zieht also ein Pergamentlein aus dem Wambse, biegets umb und zeigt mir eine weysse Stell, darauf ich sollt schreiben. Doch hab ichs versaget, weil ich ihm nit hab gethrauet und auch des Weibs und der Kindlein wegen.

»Wirst Schätz heimbringen für Weyb und Kinder, reich sein und geehret in der gantzen Statt . . . Aber ist wol so, dass ihr Handwercksmeister allsamt nit könnt schreiben. Schad, hett euch die grosse Weltlust hertzlich gegönnet.«

Sagt dies und wills Papir wegstecken. Doch hett solches mein Ehr nit zulassen, da ich der eintzige unter den Meisters gewest, — denn der Schlechthaus hett in der Kirch das Flöthlein blasen! — der beim Magister Hochmuth die Lehr hatt durchgemacht und hab recht aufgetrotzet und sag:

»Legt nur her das Papirlein und soll die Wirthin den Gänsekiel bringen, dass ich euch zeig, wie man schreibet.«

* *Lateinisch Geistliche.*

Da nimmt der Montsalvari ein klein Dinglein, wie ein Spänlein, aus dem Wambs und saget:
»Schreybet damit. Ist aus dem Jahr Zweytausend.«
Und wiewol die Freund und Meisters mich beschworen:
»Thus nit, Hannes! Thus nit umb des Heylands Barmhertzigkeit«, hab ich das absonderlich Ding* in die Hand genommen, und fahret es wircklich übers Papir und schreibet mein Namen: Johann Baptist Nepomuk Schwärtlein.
»Ihr werdet weiters von mir hören«, sagt der Baron und steckts Pergament und das Spänlein fort und ist weg, wie aufgesogen vom Brodem der Wirthsstub.
Haben ihn noch lang gesucht und nit gefunden und seind am End heimgegangen. Und war mir so gar merckwürdig zu Muthe, daß ich zum Eheweibe bin ins Bett gestiegen, auff dass sie ein Erinnern an mich hett, so mir in der Nacht etwas zustossen sollt. Ist dies aber erst am Morgen des kommenden Tags geschehn.

* *Offenbar ein Füllfederhalter oder Kugelschreiber.*

*Wie ich zween Mahle des Vaters hänfenem Wohlthäter bin entgangen und was ein nackender Civiliste kann anrichten.*

Ist der nächste Tag ein Sonntag gewest und hab Marthen erzählet, als wir des Morgens beim Habermus beysammengesessen, was der absonderliche Baron uns des Abends zuvor im Güldenen Leuen vorgelogen, und welch greulich Bild er uns vom Jahre des Unheils Zweytausend gemahlet. Worauf sie lachet und sagt, da wüsst sie wol besser Bescheid, da ohnlängst ein hochgelehret geistliger Herr vom selbigen Jahre 2000, das ein rechts Heilsjahr würd sein, ein gantz anders Bild gemahlet: eine Zeyt, darin sich erfüllete die Weyssagung, dass das Lamb wird beim Löwen liegen, die lieben Englein recht wie unsersgleichen unter den frommen Menschenkindern auf den Gassen lustwandeln, und wird die Lufft erfüllet seyn vom Thönen der Harpfen und lieblichen Gesängen zum Lobpreis des HERRN. Dieser Baron mit des Kaysers Sigillum müsset wol ein rechter Schwachkopff und Auffschneider seyn, der andern Schwachköpffen seine Märlein hett aufgebunden.

So seind wir denn ein wenig ins ehelich Streyten gekommen, wie solches am Sonntag ist bei uns der Brauch gewest, da wir an selbigem die beste Zeyt dafür hatten. Und da wir eben gar munter aneinandergerathen, kömmt von der Gassen der Jüngste der Drillingsbuben, der Märtel, herauff und schreyet:

»Seind Soldaten auf der Gassen, Landsknecht, mit blau und gelb Wämsern und gläntzende Spiess. Kommen von St. Johannis her.«

Nun hatts gantz selten nur in unserm Stättel Landsknecht

geben, weyl allda keine Garnison in der Nachbarschaft gewest, und wars immer ein rechts Entzücken für die Buben.
»Wird doch nit wieder Krieg werden, Mann«, saget die Marthe ängstlich und vergisset das Streiten wider mich.
»Lass gut seyn, Marthlein«, sag ich, »es mögen die Leuth hier fouragiren. Vielleicht seyns auch abtrünnige Desertör, welche man der Stattwach muss melden.«
Doch allsogleich entstund ein Rumoren im Haus und auf der höltzern Stiegen, ein eyserns Klirren und hefftigs Reden. Die Marthe schreyet auf, und da seind auch schon die zween andern Drilling zur Thür herein:
»Vattern, die Landsknecht kommen herauf und holen dich.«
Es ist nit zu schildern, was jetzo alls im Haus und in der Stuben geschah, da die drey Mann — ein Caporal dabey — seind eingedrungen und haben mich auffgefordert, allsogleich mit ihnen zu gehen. Ich pack den zuvördersten beim Wams und brüll, sollten sich hinausscheeren alle Drey, da ich mit ihnen nit das mindest hett zu schaffen, und sie mir gar unwerthe Gäst seyn, die einen redlichen Handwercksmann beim friedsamen Habermus störeten.
»Wirst bald bessers zu fressen kriegen«, saget der eine Bursch, ein Gesicht voll Blatternarben, daran ein arms Weyb in den Monathen sich hett versehen können.»Komm nur mit! Landsknechtsleben ist lustig! War gut, dass dich rechtzeitig hast freywillig gemeldt.«
Nun bin ich ins Lachen ausbrochen und frag ihn, wen er denn zu holen gekommen sey, denn nie und nimmer würd ich mich zur Cumpaney von solchen Galgenvögeln freywillig melden.
Da ziehet der Anführer, ein finster grober Mann, wie ein Bär von Gestalt, ein Wischlein aus dem Wams und saget:
»Johann Baptist Nepomuk Schwärtlein — ist das nit euer rechter Nam?«
»Ja!« schreyn die drei Buben, eh ich noch was kunnt sagen;

denn sie hättens nach Bubenarth wol gern gesehen, dass auch der Vater ein Wams in blau und gelber Farben trüg. »Und ist das da euer Schrifft?« — damit weiset er mirs Blättlein vor.
Ich starr auf den Wisch, kenn sehr wohl die Züg, die meyn eigen gewest, und weiss auch mit ein Mahl, dass ich solches dem windigen Frembden im Leuen hab hingekritzelt, als er mir das Schreibstäblein gereicht und nit hat glauben wollen, dass ich wär der Schreibkunst fähig.
»Ist wol mein Schrifft«, sag ich, denns Läugnen hett nit geholfen, hab aber betheuret, wie ich solches nur zum Schertz hingeschrieben, umb einem Baron aus Spanien, welcher durchs Stättel gereist, zu demonstriren, dass ich beim Magister Hochmuth hetts Schreiben gelernt.
»Schertz«, saget wieder der Bär. »Ist ein rechtsgültig Document, worin ihr euch verpflichtet, in den Fähnlein des Frundsbergers als Landsknecht Dienst zu thun und als Soldat Gehorsam zu leisten bis zum Todte. Das ists. Und nun kommet ohn Verzug.«
Begann auch sogleich das gantze Document aufzurollen, wo all solches gestanden, und ich schrey, der Baron ist ein Betrüger, und ich hett von alledem nit das Geringst gewusst. Aber da lachen die drey Schlagetot, und einer saget, selbiger wär einer der tüchtigsten Werber aus des Kaysers Armee und hetten sich auch schon andere so angestellet wie ich, und sey am End noch ein jeder mitkommen, es sey denn, er hett ein höhers Dasein am Galgen dem lustigen Landsknechtsleben fürgezogen.
Da sah ich mich denn im Geiste schon baumeln am Strick, welchen vielleicht noch mein guter Vater einst mit fleissigen Händen geflochten, umb die Statt zum Wohle der braven Bürgersleuth vom Gesindel zu befreyn. Dass ihr aber solche Wohlthat sollt durch sein eigen Fleisch und Bluth geschehn, hab ich nit können verwinden und bin also mitgangen, ohnbedacht des Geschreys der Kindlein — waren inzwischen deren sechs herbeigeloffen — und wiewol auch

mein Eheweib, die Marthe, des Hufschmieds Tochter, mit dem Habermusslöffel auf die Mannsleuth eingedroschen, welche zuletzt gar mussten die Spiess wider sie erheben.
So bin ich am heyligen Sonntag, zur Stund, da die Glocken anhuben zu läuten, durch die Gassen des Heimatstättels getrabet inmitten von drey Reisigen, und haben die Mitbürger scheel auf mich geschauet; denn ist immer ein gar verdächtiger Anblick, wenn ein Civiliste gehet zwischen uniformirten Militairs.
Umbs kurtz zu machen, bin nimmer Civilist worden für lange Zeyt. Seind marschiret selbviert über Schleitz nach Plawen im Voigtlande, einer gar prächtigen Statt mit einer Burg inmitten, und habens mir dort auch eine Uniform geben. Waren aber nit Wams und Pluderhosen in blau und gelber Farb, sondern ein Zeug wie Sackleinen, kratzend und schmutzig, das wie Hadern an mir gehänget.
»Passet nit«, sag ich dem Kerl, der mir solches hingeschmissen.
»Passt!« schreyt er zurück, und habs müssen anziehn.
»Kannst dich erst als rechter Landsknecht einkleiden, so du bist ausgebildet worden am Spiess«, meint ein Camerad, welcher dabeystund und hett wol ein wenigs Mitleid mit mir.
Ist aber solches Ausbilden die rechte Höll geworden. Haben uns herumbgejaget im schönen Voigtland, bergauf, bergab und über die guten Äcker der redlichen Bauren. Und haben müssen exerzieren mit Spiess und Schwerth. Haben gebrüllet:
»Spiess auf!« »Spiess ab«, »Leget ein — stosst zu!«. Mussten herumbhauen mit dem Schwerth und haben uns Namen geben, welche kein Christenmensch sollt einem Geschöpf Gottes appliziren, als da ist: Waldaff, Arschkopf, Schlappschwantz, Scheyssbeutel, Kackbruder, Hirngschissner, Baurensau, Mistamsel, Puffbruder und dergleichen Lieblichkeiten. Hab alles runtergeschlucket, weil mir nit anders ist übrigblieben und hab nur gesonnen, wie ich denen wieder

kunnt entwischen. War aber kein Occasion hierzu, denn sie hetten immer Zäun umb uns und Wachen davor, denen man nit hat entkommen mögen.

Haben wir bei alledem singen müssen, dass Landsknechtsleben das schönst Leben auff der Welt und ein gar freys Leben sey, und hett wol mancher von denen tumben Bürgern und Bauren geglaubet, so wir damit seind auff den Strassen marschiret.

Im Lentz des darauffolgenden Jahrs seind wir ausgebildt gewest und wurden verleget in die Garnison Eger, ein über die Maassen lieblich Stättlein in Böheimb, an einem Fluss des gleichen Namens, mit einem Marcktplatze, wie ich so gross noch nie zuvor het einen gesehn. Hier hatt ich zum ersten Mahle Glück, da sie Männer gesuchet für die Musicam, für Trummel und Pfeiffen, und ich für solche von Kind auff ein rechte Lust gehabt. Die Blechtrummeln seind mir nit lieb gewest, doch hatt ich mir oft vom Schnautz Schlechthaus das Flöthlein geliehn und hatt auch manches von ihm gelernet, wie man die Löchlein und Klappen handhabet. Kunnt sogar ein geistlig Liedlein blasen: ›Sey uns willkommen, Herre Christ‹.

Dies nun hab ich zwar bei denen Sturköpff vom Militair nit können brauchen, aber da ich mein Examen in den Grundexerzisen bestanden, bin ich ins Pfeifferkorps aufgenommen worden. Und krieget auch sogleich ein feyn Wams und Pluderhosen aus zweyerley Tuch, weil man die Musicanten gebrauchet, umb dem Bürgervolck Sand in die Augen zu streuen, dass sie glauben, es sey das Soldatenleben wirklich ein lustig schöns Leben!

Seind Maytäg gekommen, da es geblühet im Egerthale, und auch die Maidlein hetten geblühet und zeigeten her die schön rund Büslein, so sie im Winter wie zarte Pfläntzlein hetten in Wolle gepackt. Die Vöglein tirilieret und war eyn Lust, die auch mich ergriffen, da ich noch ein Mann im besten Saffte gewesen.

Habens aber die Bürgertöchter zu Eger nur mit denen Caporalen und Officirs gehalten und haben uns alleinig die Huren gelassen, so wirs kunnten zahlen. Hab solches aber vermocht, da ich hin und wieder auch hab auff Tantzböden auffspieln dürfen und mir so manchs Kreutzerlein zum Sold hinzuverdienet. Geh also eines Abends in ein guts Hurenhaus, so man mir hatt empfohlen wegen denen schön und jung Maidlein, denns hett auch welche geben mit Vetteln, so schon ansäuerlich gewest und einen nit kunnten erlustiren.

Komm also vors Haus in der Dominicanergassen und ists zu. Hör aber drinnen lachen und ein Gicksen und Quietschen von denen Maidlein, dass michs erst recht gejücket, dort mein Plaisir zu finden. Hab wider die Fenster gepumpret und auch gegen die Thür, hat aber keyner aufthan. Da hat mich die Wuth gepacket und ich stoss mit dem Stiefel so dawider, dass die Thür aufspringet und ich bin hineinkommen. Waren da drei Weibsbilder, gar appetitlich und lieblich gebauet mit aller Zuthat, so ihnen der Himmel gnädiglich geben. Hüpffet aber zwischen ihnen ein Männlein splitterfasernackend herumb, das gar greuslich ausgesehen, alt und zickelbärtig, dürr, dass man die Rippen kunnt zählen, und vom andern, woran die Maidlein ihr Freud hetten haben sollen, mag ich gar nit reden.

Das Männlein schreyet, als es meiner ansichtig wird, und ich meyn, so ein Pfeffersack sollt auch einmal erfahrn, was ein rechter Soldat in seinem Exercitium lernet und schrey all das wider ihn, was ich vom Kackbruder bis zum Scheyssbeutel und Waldaff auf dem Kasernhof gelernet. Der Zickelbarth aber haltet sich die lincke Hand vor das, was ihn am wenigsten gezieret, und schüttelt die recht in der Lufft und schreyt, ich würd was erleben, daran ich Zeyt meines Lebens würd dencken, so solches nit überhaupt wär verwürcket.

Hab mich um sein Brabbeln nit gescheret, und als das Bürgerlein oder Beämtlein ist drausst gewest, hab ich mirs recht lustig werden lassen mit den drey Maidlein, die mir alle

sehr angenehm gewest, und habens mit mir gesoffen, was das dünn Windmännlein hat bestellet und bezahlet.
Doch ist mir solches nit gut hinausgegangen, denn als wir am nächsten Morgen die gantze Companie seind angetreten und kömmt der Hauptmann und saget, es ist von Pilsen zugereyst der Herr Kayserliche Feldobrist und sey selbiger ein grosser Kriegsheld und die Zierden der Armee und müsseten darumb Ehr einlegen für die Frundsberger, damit uns die Gnadensonn aus Wien möcht leuchten, haben wir wacker das Spiel gerühret zum Marsch und ich hab kräfftig in meine Löchlein blasen. Da kommet der Herr Feldobriste, prächtig und mächtig gantz in Seiden, mit einem Federbarette und güldenem Degen und umbgeschlagenen Stulpenstieffeln und seind ihm viel Orden und Medaillen mit grossem Gefunkel auf der Brust gehenget. Unsere Officirs seind gantz klein geworden und umb in herumbgehüpffet wie die Schulknäblein umb den Magister. Ich hab blasen, dass mir die Backen schier zum Platzen gequollen für den grossmächtigen Mann.
Wie selbiger näherkommt, seh ich, ist der grossmächtig Mann mein Männlein aus dem Puff und hat nur anders ausgesehen, weil alls an ihm ausgestopfet und auffgeblähet, auch da wo er sich als Nackender die Hand hatt vorgehalten.
Ich denck mir noch: ›Blas bis du blau wirst und zerspringest! Blas, blas!‹
Und hab tirilieret und quinquilieret, dass es auffgefallen und haben deswegen alle auff mich geschauet, was ich eben nit hehgewollt. Und denck noch:
›Es ist nur der Schneyder und die Pracht des Tuchs, welche einen Menschen gross und mächtig machen und stehen am End doch als arme Sünder vor Gott, wie das hüpffend Männlein im Puff, und können nit die Hand halten vor unserer Sünden Ohnflath‹, da schauet der Obriste her und ist mit langen Schritten auf die Musicam zu, und springens die Officirs mit und wissent nit, was es soll bedeuten.

Schreyet mit eins das auffgeblasen Männlein mit derselben hohen Stimm wie in der Dominicanergassen:
»Selbiger Flöthist wird gehencket! Weiss er warumb?«
»Jawohl, Herr Kayserlicher Feldobriste«, sag ich, wie man michs gelehret, und denck noch: ›jetzt hat dein Flöthlein gewiss den letzten Ton aus seinem Löchlein entsandt, wies bald auch dir wird gehen, wenn du in kurtzem das liebliche Egerthal wirst von oben beschauen. Und ist nit einmal deines lieben Vaters Strick, welcher dir wird die letzte Wohlthat bereyten . . .‹
Da seind auch schon welche kommen mit Spiess und Ketten, in welche sie mich geleget, und haben mich stracks zum Verliesse geführt.

*Worin ich mein Burgverliess zu einem Haus des Bethens und der Freud gemachet und einen Freund beim Feind find.*

Haben mich die Cameraden zum Verliess in der Kayserburg gebracht, haben mich auch unterwegs gepuffet und gestossen, dass ich bitterlich hab gemeynt: was seind doch solche Cameraden für Scheysskerl. Wenns ein Oberer ihnen befielt, werdens wie die Hund, wedeln vor denen mit dem Schweiff, und beissen auf ihr Commando den, mit welchem sie eben noch gewürfflet und gesoffen. Bin von ihnen abgeliefert worden am Schwartzen Thurm und vom Beschliesser in einen tieffen Keller geworffen, darin man nur durch ein wintzig Schlitzlein hatt hinausblicken können. Und kunnt man allda das liebliche Egerthal sehen, wo das Flüsslein hat in der Sonne geblitzt, und seind im selben die Kinder geschwommen, und Bürgersmaidlein und böhmische Mägd mit kurtze rote Röck und hohe Stiefflein seind auf denen Wegen spatzieret.

Ist mir mein Elend gar bitter auffgestossen, da ich nun in Ketten bin blieben und hab nur ein dünn Wassersüpplein gekrieget, das mehr durch mich hindurchgeloffen, als dass es hett Krafft und Marck an mir angesetzet. Hab müssen Säck nähen mit grobem Faden und ist mir manchmal wol der Gedanck gekommen, mich an einen solchen zu knüpffen, eh sie mich vor dem Hochgerichte dazu verurtheileten. Ist dazu aber nit kommen, denn nach drey Täg schicket mir der Feldobriste ein Schreyberlein, das mir saget, der Kayserliche Herr Feldobriste wolle mich gnädiglich vorm Todte bewahren, unter der Bedingnis, dass ich nit würd ausplaudern, wo ich selbigen und in welchem Zustande gefunden. Hat wol gemeinet, ich würd noch vom Galgen herab seine Schand dem Gaudium des Weibsvolcks von Eger preysgeben. Habs versprochen und bin dahero worden begnadiget zu einer Hafft von ohnbestimmter Dauer.

Als da ist der Sommer gekommen und sehr heyss worden, ists in meinem Verliess angenehm kühl gewest, und wenn die Landsknecht seind durchs Egerthal marschiret und habens gesungen, dass das Soldatenleben ein lustig und freys Leben ist, hab ich gehöret, wie sie geschnauffet beim Singen und ist ihnen elend gewesen vor der Hitzen und gar nit lustig. Denck ich mir: Soviel freyer seids ihr auch nit, denn ich herinn in meinem Kercker. Und hab selbigs Lied mitgesungen, aber gantz ohn Athemnot, schön im kühlen Verliesse.

Kömmt da just des Wärthels Töchterleyn und bringt mir die Suppen. War selbige ein ansäuerlich Jüngfferleyn, garstig, dass kein Malefikant ihre ohnzweiffelbare Tugend hett in Gefahr bringen mögen, und bigott obendreyn, da sie immer gemeynet, sie müsset für unser aller Seelenheyl beten.

»Ihr habt ein schöne Stimm«, sagt sie und stellts Wassersüpplein nieder.

»Die Stimm wär besser, wenn die Suppen wär ein Theyl geschmaltzener«, antwort ich, und sie schauet mich aus ihren Augen an, welche ein wenig herausgequollen, sodass einer immer vermeynet, man müsst die Händ drunterhalten, wenns ihr ausserpurtzelten.

»Kunnt vielleicht heymlich ein wenig Schmaltz hineynthun, wenn ihr würdet so hin und wieder mit mir ein geistlig Liedlein singen.«

Nun solches ist mir der Schmaltz wol werth gewest und haben also gar bald begonnen, mitsammen fromme Liedlein zu singen, wovon sie eine helle Menge hat gekennet, und habens schön lang zogen, dass, so einer es höret, er des innigen Gefühls darin und meyner Bussfertigkeit hett gewahr werden müssen.

Ist dies auch dem Caplan zu Ohren gekommen, welcher uns

Maleficanten die Seelen hat ausputzen müssen und hat solches nit weniger sanfft gethan, denn die Caporals auf dem Casernhof. Hett ihm gefallen, wie ich mich mit des Wärthels Töchterleyn im Liede innig copuliret und thät mich den andern Schurcken in den Verliessen als ein leuchtend Exemplum christlicher Demuth hinstellen, sodass auch diese angefangen, mitzusingen, wenn der Caplan zu seinen Visitationen und Seelenputzereyen unterwegs gewest, dass es schier hat klingen müssen, als ob der gantze Schwartze Thurm hett gesungen: »Nun kommet unser Herr gegangen«. Und hat solchs der Caplan voll ohnchristlichen Hochmuths auf sich bezogen.

Ist aber des Schmaltzes in der Suppen, welche mirs Maidlein gebracht, immer mehr geworden — und einmal sogar ein Ey darinnen, erst an den Sonn- und Feiertäg, nachher an alle Wercktäg und zuletzt deren zwey, und an den heyligen Tägen gar drey Eyer. Davon ist mir nit nur mein Bäuchlein gewachsen, sondern auch mein menschlich und männlich Wohlbefinden, sodass ich nit einmahl des Wärthels Töchterleyn so gräuslig gefunden wie am Anfang. Hab angefangen ihr beim Singen das Händlein zu halten, hab wol auch meine Hand einmahl unter ihr Brusttuch geschoben oder am Knie hinauf und haben dazu allweyl wacker gesungen, und die Herren Dieb und Mörder in denen andern Kerckern haben mitgesummet und gebrummet, dass das Gefängnis ist zu einem wahren Haus der Seelenfreud geworden.

Ja, ist mein Begehren durch die kräfftig Kost und Nahrung so erstarcket, dass ichs eines Tags — die Täg seind im Hirgst schon kurtz worden — dem Maidlein hab bekannt, und sie hett gemeynet, wir müssten so sündhafts Begehren wegbethen. Haben selbigs auch gethan und haben die ersten Mahle gebethet statt zu .........*, später haben wir danach gebethet und zuletzt bloss alleyn noch ..........**.

* *Volkstümlicher ordinärer Ausdruck für den körperlichen Umgang.*
** *Ebenso.*

Und ist mir geschienen, als hett das Töchterleyn plötzlich jünger ausgeschauet und nit mehr so ansäuerlich und als hetts ihr auch die Augen ein wenig mehr in den Körper zurückgetrieben, weyls dort jetzt schöner für sie worden ist denn zuvor.

Nun hatt ich aber trotz solcher Annemlichkeiten nur geringe Lust, auch noch den Winter im Verliesse zuzubringen, wos jetzt schon feucht ist worden und ich die Wiederkehr meins althen Gliederreissens hett befürchten müssen. Und hab nunmehro das Maidlein Babett — so ist ihr Name gewest — so am Bandel gehabt, dass sie mir hat versprochen, mir demnächst einmahl nächtens das Kerckerthürl und den Einschlupff im grossen Thor offen zu halten, auch mir alte civile Kleidungsstück zu bringen und die Parol der Stattwach zu beschaffen.

Alles solches hat die Babett gethan und ist die letzten acht Täg und Nächt gantz bey mir gewest, da sie dem Vater gesaget, sie machet Bussexercitien bei den Nonnen. Hett sie solche bey mir gemachet und seind ihr so wolbekommen, dass sie — wie ich später erfahren — eines Knäbleins genesen, und haben auch mir die Bussen wolgethan, eh ich mich nächtens auf den gefährlichen Weg gemachet, den Schwartzen Thurm auff der Kayserburg zu verlassen.

Ist ein finstere Hirgstnacht mit Stürmen und ohn Mondscheyn gewest, welch alles meinem Vorhaben günstig war. Kunnt aber, da ich die Statt hatt verlassen, nit sogleich den Weg in die Heymath suchen, da mich die Häscher dorten bald würden aufgegriffen und als Desertöhr ohn Gnad dem Hochgericht überliefert haben. So bin ich stracks südwärths, hab Pilsen umbgangen, wo mein Obristlein Hof gehalten, und auch das kayserlich Prag und bin weiter hineyn ins Mährische. Hab ausgesehen wir ein Paurenkerl mit wüstem Barthe und auch nur von Rüben auff dem Felde gelebt, sodass ich vom Fleische gefallen und mich manchmal nach dem Babettlein und seinen Bussübungen zurückgesehnet.

Lag eines Tags die mächtige Statt Brünn vor mir mit der Veste Spielberg, welche auch durch ihre Kercker einen trefflichen Ruf genossen. Hett aber keine Begier mehr nach solchen, sondern hab gewusst, dass ich dem Landsknechtswesen nur könnt entkommen, wenn ich fürs erst wieder Landsknecht würd. Die zu Brünn waren garnisoniret, seind rot und grün uniformiret gewest, und die meinen waren blau und gelb. Kunnten also diese hier nit meinem Feldobristlein unterstehen und wags einen von ihnen auf der Gassen zu fragen.
»Welchs kayserliches Regiment seid ihr, Herr Feldweibel?«
War selbiger bloss Caporal und hab das vom Feldweibel eigens gesaget, um ihn mir lieb Kind zu machen, denn die Militairs in allen Rängen seind eitler denn die Pfauen, weswegen sie sich auch mit Borten und Lametten und vielerley Kinckerlitz behängen.
Schreyt mich der Caporal aber an:
»Kayserlich? Du Mistbauer! Haben die kayserlich Hosenbruntzer erst letzte Wochen aus der Statt geschmissen.«
»Oh, so seid ihr die Feind?« sag ich und stell mich recht tumb.
»Feind, du Scheysskerl! Der Feind ist draust aus der Statt und nach Wien geflohen. Wir seind guth teutsche Landsknecht, die Mansfeldischen.«
Sag mein Danck und Vergeltsgott dem Gesellen, welcher die gleichen Worte gebrauchet wie unsre Frundsberger, und hab mich beeylet, mich in einem Badhaus zu reinigen, mir vom Bader den Barth stutzen zu lassen und die Kleyder so gut zu richten, als das möglich gewest, denn ich hatt beschlossen, mich beim Feinde anwerben zu lassen, bey dems wol auch nit schlimmer sein kunnt als bei den vormahligen Unsrigen.
Bin auch sogleich angenommen worden, hat wieder einer »Passt!« geschrieen zu einer Drecksuniform, die mir in allen Nähten gekrachet, und hat wieder das alte Spiel begonnen mit »Spiess auff« und »Spiess ab« und »Stosset zu«

und allen Schimpffworthen so ich gekannt — nur habens bei den Mansfeldischen »Waldheini« gesaget statt »Waldaff« wie bei den Frundsbergern. Haben auch wieder das verlogene Lied müssen singen, dass das Landsknechtsleben ein lustigs Leben und der Landsknecht ein freyer Mann — bloss hab ich nit dürfens Flöthlein blasen, weil die Companie keine Musicam hett.
Ey, das war doch ein Teuffelsspiel, welches das Schicksal mit mir getrieben! Sitz auch eines Abends recht trübselig auff der Stuben, als ein junger kräfftiger Kerl, angenehm anzuschauen, zu mir tritt und fraget:
»Seid ihr nit vom Neustättel und des Seilers Schwärtlein ein Sohn?«
Hab mich zunächst erschrocken umbgeschauet, da ich meynete, es läugnen zu müssen, und kunnt der ein Spitzel seyn, so mich verräth. Doch hat er mir recht treuhertzig sein Hand hingehalten und saget:
»Heyss Valentin, bin des Nachbars Kunitzer sein Sohn, und früh als Trommelbub den Ältern und dem Schwesterleyn entlaufen. Hab gemeynt, der Krieg ist ein guts nahrhafft Ding. Ist aber die beschissenste Sach, so sich einer dencken kann.«
Nun hab auch ich mein Hand gar freundlich hingestrecket, da ich von denen Kunitzers wusst, wie ihnen das Knäblein vorzeiten durchgangen und hatten viel Kummer, da der Vater gar früh gestorben und sie hernach noch ein zweits Töchterleyn bekommen, welches aber bald wieder das Zeytliche gesegnet.
All solche Trauermären musst ich nun dem Valentin hinterbringen, welcher darob so bittere Thränen geweynet, dass michs im Hertzen erbarmet, und er mich nur noch gefraget, wies denn seinem Schwesterleyn Margarethen ging. Von dem Jüngfferleyn kunnt ich ihm nur das best berichten, da selbst meine Marthe, welche sonst gern die jungen Maidlein bös hat ausgericht, nur Guts wüsste von ihr zu sagen.

Das freuete nun den jungen Landsknecht gar sehr und sagete, dass er die Mutter unds Schwesterleyn bald möcht wiedersehen. Doch bestünd fürs erst wol geringe Aussicht, da man in der Truppen munkelt, dass sie bald würden gen Italien in Marsch gesetzet und sollten daselbst überwintern.

Dies war nun wiederumb mir ein arger Schrecken, da ich gesehen, dass ich mich nun müsst gar noch weiter von der Heimath entfernen, statt ihr, wie ichs gehoffet, bald näherzukommen. Sag solches auch dem Valentin, und meynet der, vielleicht gäb sich einmahl eine Möglichkeit, zu den andern überzulauffen und mit denen die Heimath zu suchen.

»Hast aber doch den Mansfeldischen den heyligen Soldateneid geschworen, und bin ich schon einmal den Kayserlichen eidbrüchig worden!« mein ich voll Bekümmernis.

»Scheyss auf den Eid«, sagt er, »da doch die Kayser und hohen Herrn alleweyl ihre Bündnis ändern und Freund und Feind wechseln wie der redliche Landsknecht allmonatlich sein Hembde.«

»Ist mir ohnehin schon wunderlich«, antwort ich, »ihr heisset der Feind von meinen Vormaligen, und sprechet doch dieselbe Sprach, singet die gleichen Lieder und habt die gleichen säuischen Sprüch auf den Casernhöfen!«

Und da saget der Valentin ein Wort, welches mir bis heut im Kopffe herumbgegangen und scheinet mir so wahr, dass ich mich verwunder, wie noch nit alle klugen Leuth in dieser ob ihrer Gescheitheit so stoltzen Welt solches erkennen. Er saget:

»Es gibt keine Feind, und hat auch der Krieg kein andern Sinn, als dass die Leuth werden todtgeschlagen, die Häuser und Höf verbrennet und die Jungffern geschändt. Aber es gibt Leuth, so einen Krieg brauchen, damit ihr Dasein einen Sinn findt — das seind die Militairs. Ohne Feind gibts keine Soldaten, und die Bürgersleuth sehen die Soldaten gern, weils ihnen Geld bringen, ein fröhlich Musicam machen auff ihren Plätzen und ihre Töchterleyn schwän-

gern und hernach manchmahl heyrathen. Und weyl der Feind all solches will verhindern, wie sie denen Soldaten sagen, müssen wir Landsknecht wider ihn kämpffen, auch wenn er die nämliche Sprachen spricht wie wir. Gott seys geklaget, Schwärtlein, aber so ists nun einmahl und beisset die Maus keinen Faden davon ab.«
Hab mich aber an diesem Abend sehr nachdenckend auf meine Pritschen gelegt und die Thorheit der Menschen, und so auch mein eigene, verfluchet.

## Das acht Capitel

*Bericht meines ersten Gefechts, worin ich mit dem Arsch auf einem Hauptmann sitz und würffel mit dem Feind.*

Die schöne Stadt Brünn an der Schwarzawa haben wir verlassen wol am selbigen Tage, da ich ein Jahr zuvor aus dem Schosse meiner threuen Familie bin entführet worden und hab aus solchem Anlass mein Gedencken zurückgesandt zu allem, was derweylen geschehn. Ist viel Args gewest, aber auch manche Lustbarkeit, und hatt ich so wunderbare grosse Stett gesehn wie Plawen, Eger und Brünn. Und nun seind wir im Hauffen marschiret, haben gar jämmerlich gefroren, weil von den hungrischen Steppen her ein kalter Wind gewehet, und haben gesungen, dass das Landsknechtsleben ein lustig Leben sey. Bei Pressburg seind wir über die Donau, so ein ohnendlich breiter Strom ist, wie wol der biblische Nilfluss, darinn der kleine Moses in einem Körblein ward gefunden.
Haben müssen des Kaysers Hauptstatt umbgehen, ist uns aber doch geschehen, dass wir gen das mittägliche Gebürg hin haben Kayserliche ausgemacht, und höreten wir von vorn ein Getös und Rumoren, und habens gerufen, es sollten alle nach vorn rennen und denen dort im Kampff zu Hülffe kommen. Denck mir aber, das kunnt nit gut sein, wenn alls sich vorn mit dem Feind berühret und seind hinten offen. Bin also mit dem Spiess auf der Schulter langsamer marschiret, bis ich hett Anschluß nach hintt gewonnen, wo die Fourasche gefahren und sonderlich die Marcketenderin. Ist auf dem Kutschbock der Marcketenderin Tochter gesessen, ein schmierigs Weibsbild. Die Haar seind ihr zosselig ins Gesicht gehängt und hat Barbara geheissen.

Seh ich, wie am Wagen das ein rückwärtig Rad eyret und ruf der Barbara zu:

»Halt an, Weib. Sonst fallet dirs Rad ab und ist die schöne War im Kothe.«

Hält sie also an und rufet die Mutter, welche hinten die Planen aufschlagt und fragt, ob ich in derer Sach kunnt helfen. Sag ich, meins Weibs Vater sey ein Hufschmied gewest, Schellner genannt, und hett dem tüchtigen Mann manches in seinem Fach abgegucket, wovon ich jetzt den Nutzen hett. Da lässet sie mich gewähren, und ich flick ihrs Rad an und hab, trotz der hungrischen Kälte, davons Schwitzen gekriegt, und da die schieche Barbara mit Holla und Hü die zween Rösser wieder hat laufen lassen, bin ich hinten auffgesprungen und unter die Planen zur Mutter hinein.

»He, Büble, was willst?« fragt sie, da ich doch bin ein gestanden Mannsbild gewest im allerbesten Saffte.

»Kannst einen ausgeben für mein Arbeit«, sag ich.

Kramt die Alte untern Flaschen, welche ein angenehm Geräusch gemachet, wenn sie wider einander geschlagen, und reicht mir ein Krügel hin.

»Sauff«, sagt sie, »ist von böhmischen Zwetschken gemachet, heissen ihn Sliwowize.«

Ist dies aber ein herrlich Gebräu gewest, das ich voller Andacht und Danckbarkeit in mich gegossen.

»Willst nit nach vorn? Kämpffen gehen?« fragt das Weib und kneiffet ein Aug ein, sodass ich gewusst, sie meynets nit so.

»Und wer soll dich und dein schöns Töchterl vertheidigen, wenn der Feind von hinten kömmt?« frag ich.

»Geh du mir zu«, antwort sie, »bist ein Schisser wie die meisten Mannsbilder. Nur bist ehrlich und sagst es, Büble. Bleib also herinnen. Wenn du wüsstest, was an hohen Herrn hier schon Gefechte und Schlachten überdauret, für welche sie hernachen Gloria und Medaillen geerntet. Ist niemahlen der Feind gewest, welcher ist bey mir von hinten kommen, sondern immer nur die Herren Officirs. In der Schlacht bei Nantzig, da ich mit denen Schweitzern gewest und haben wider die Burgundischen gekämpfft, hat sich gar ein hoher General bei mir verstecket gehalten und hat gesagt, er hett nur hier die Ruh, umb den Schlachtenplan zu machen. Hat mir aber einen Bambsen gemachet, und ich war dazumahlen jung und schön.«

»Schöner gewiss als deine Barbara drausst«, sag ich.

»Ist besser so«, meynet die Mutter, »habs selber zu spät erfahren. Haben mich die Reutter vom frantzösischen Ludwig geschwängert, da ich kaum sechzehn gewest. Und solchs höret dann nit auff und ist so, dass die Marcketenderin soll für die Armeen der vielen Herrn den Nachschub am Fleischlichen jeder Arth liefern. Danck Gott, dass ich nunmehro mein Ruh hab.«

So haben wir mitnand klar geredt, und ist das Weib guth zu mir gewest, wie mein Mütterlein seelig, und hat mir Speck und Schinken, hungrischen Wein und böhmischen Schnaps geben. Erzähl ihr auch von der Mutter, wie solche aus Hanff liebliche Kunstwerck für die Gräber der theuren Entschlafenen verfertiget, und packet das Weib recht die Wehmuth und sagt:

»Aufs Grab der Marcketenderin pissen die Hunde.«

Hab sie zu trösten versucht und hat also auch sie gesoffen und seind wir recht vergnügt geworden, derweilen es vorn noch immer gepumpret, und haben das säuisch Pfanneflikerlied mitnand gegrölet, was ich aus meiner Kindheit gekennet und wovon sie noch gar viele anmuthige Verslein gewusst. Haben auch wacker mit den zinnernen Becherlein angestossen, und wie ich mich so einmal wieder erheb, ihr Bescheyd zu trincken und setz mich wol ein wenig anders denn zuvor, tuts unter mir ein Schrey und ein Mannsbild fahret hoch, was unter der Decken gelegen, ohn dass wirs gemercket. Brüllet der Kerl:

»Musst du Baurensau dich mit dem Arsch auf meyn Gesicht setzen?«

Obwohl er so recht wie ein Vorgesetzter geredet, sag ich im Zorn dawider:
»Hast wol die Hosen recht voll gehabt, dass du unter den Röcken der Marcketenderin Schutz gesuchet?«
Da schlagt das Mannsbild die Planen zurück und ist mein Hauptmann gewest, ein recht guthartig wollebigs Männlein, welches schon vorher ein breit Gesicht gehabt, ehe denn ich meinen Hintern drauff niedergelassen. Hat sich aber jetzt gar wild gebärdet wie ein angeschossener Eber, zumahlen er alls gehört, was ich mit dem Marcketenderweib zuvor geredet, und hat auch er mit dem hänfenen Producte meines Herrn Vaters seelig gedrohet, da ich mich hett der Feigheit und Desertion schuldig gemacht. Worauf das Weib tapffer fraget, warumb denn der Herr Hauptmann nit dorten wär, wo die Spiess und Hellebarden klirreten. Da hat er auch wider sie gemaulet und gesagt, ihn hett sein rheumatisch Beyn in eine Ohnmacht sincken lassen, aus welcher ihn erst meine rückwärtige Insubordination gerissen.
Nun ist zwar nit viel Witz und Wahrheit in solcher Red gewest, doch da sie ein Officir gethan, hett mir all das nit mögen nützen, und sah mich schon wieder im Kercker wie zu Eger und mit eines Beschliessers Tochter singen: »Es kommt der Herr gegangen«, als da würcklich seind welche gegangen. Man hat von rückwärts Stimmen gehöret, welche ich sogleich als gut wettinisch ausgemachet, doch wie ich hinausschau, seh ich, dass sie ein Fähnlein tragen mit einem doppelköpfigen Adler und seind also kayserlich gewest.
»Kayserliche«, flüster ich nach hinten, »kunnt ihnen jetzo den Herrn Hauptmann als gefangen ausliefern.«
Da drehet selbiger die Stimm umb, dass sie gar feyn und lieblich klinget und saget:
»Hülff mir, Camerad, und will dir alles nachsehen, was du gethan.«
Und war auch schon wieder unter seyner Decken verschwunden.

Denck mir noch, dass solche immer ›Camerad‹ sagen, wann sie selber in Nöthen seind, und da ich dennoch kein rechte Lust gehabt, nun wieder kayserlich zu schwören, hab ichs anders angefangen. Winck also denen Feinden — es seind ihrer fünf Stück gewest — und ruf:
»He, Cameraden«, — in solcher Lagen ist auch mir das Wort zupass gekommen — »wollts einen böhmischen Schnaps in derer säuischen Kält?«
Da hatts ein Gaudium bei denen geben! Seind herbey gerannt, und da ich nur eine braun Hosen getragen und ein grob gewürcket leinen Hembd, kunnten sie nit sehen, welche Landsknechtsfarben ich ansonsten getragen, und waren alle freundlich, da ich jedem eine Flaschen aussergeworfen.
»Hast Würffel auch«, ruft einer, »und Garten?«
Verstund aber von der eigenen thüringischen Heymath her die Sprache der Sachsen, welche ein wenig weich durch ein Fältlein an denen Mundwinckeln rinnet — und nennen sies ›Gusche‹ — dass ich ihnen sogleich des Teuffels Gebethbuch, ein Kartenspiel, hinausgeschmissen, als sie Garten verlanget, und einen Lederbecher zusammt drey beinern Würfflein.
»Was kost alles?« schreyt der mit dem Fähnlein, welcher ein Caporal gewest.
»Zahlt alls der Feind«, sag ich.
Und lachen die Burschen über den Witz, so gar keiner gewest.
»Würffel eins mit uns herumb«, meynet ein andrer, »steig ein wenig aus.«
Ist dies nit eben mein Fall gewest, dass ich mit denen mich sollt erlustiren und wär am End die kayserlich Hauptmacht derweilen herangekommen und hett uns den Garaus gemacht. Sag also:
»Der Hauptmann wirds nit mögen, dass ich solches thu, Landsleuth«, und geb mich recht als ein tumb wackrer Soldat.

»Der Hauptmann kann uns all am Arsche lecken«, saget wieder der mit dem Banner, »ist ein Idiot ohnsgleichen.«
Und wiewol er seinen Hauptmann gemeynet, muss es meinen unter seiner Decken auch hart getroffen haben, denn ich hört darunter ein kleins Stöhnen. Und umb ihm nit noch andre Körperlaut infolg von seiner Seelenbedrängnis zu entlocken, hab ich mir ein List überleget, welche ich schnell mit dem Marcketenderweib besprochen. Haben die Barbara halten lassen, bin hinausgesprungen und hab mit denen Feind und Landsleuthen gewürfflet, zothige Witz erzählet und ihnen eine Flaschen nach der andern vom starcken böhmischen Zwetschkengeiste kredentzet, dass in einer halben Stund alle fünf auf der Walstatt gelegen und gerülpset und geschnarchet, und seind wie todt gewest vom Schnapse.
Da hab ich schnell das kayserliche Fähnlein genommen, welches dem Caporal entfallen, hab mich hinauffgeschwungen auf den Wagen, die Mutter hat der Barbara zugerufen, dass sie sollt die Geisel schwingen und die Rösser zum Galoppe antreiben. So seind wir davon wie die wilde Jagd, und mein Hauptmännlein ist wieder vorgekrochen und hat mich umbarmet und gesagt, er würds sogleich dem Obristen melden, welch tapffer Heldenstücklein ich begangen und würd gewiss noch am selbigen Abend Caporal werden und auch ein Medaillen empfangen dafür, dass ich ein kayserlich Feldzeichen erbeuthet.
So ist mit einemmahl ein Zorngewitter für mich umbgeschlagen in die Gnadensonn und ist alls so verrückt gewest, wies überhaupt nur beim Militair hatt verrückt seyn können. War aber am Abend der Weg gen Italien von den Unsrigen freigekämpffet, und haben nur wenige Blessirte gehabt und der Feind fünf Stockbesoffene.

## Das neunt Capitel

*Worin ich ein Held*
*und die Marcketenderin zum Fürstenmahl geworden,*
*ich bin Vater worden und habs wieder vergessen.*

Ist nit abzusehen gewest, was alls nun als Folgen meines Luderstücks, welches sie Heldenthat genennet, ist über mich hereingebrochen, und hett manchmal wünschen mögen, es wär mir solchs erspart blieben, und mir geschworen, mich nie wieder auff eines Officirs Gesicht zu setzen. Jedoch hatt solcher Irrthum hinwiederumb auch soviel Erfreulichkeyten nachgezogen, dass mir mein Leben und landsknechtisch Existenz seind weit agreabler worden.

Hat schon damit angefangen, dass ich musst zum Feldweibel der Kleiderkammer gehn, umb mir ein Uniformstück zu beschaffen, welches einem Caporal zugehörete. Da ich also dem Weibel bescheidentlich gesaget, wer ich bin, hauet er mich mit seiner Prancken auff die Schulter, dass es mich beinah in den Erdboden hineingespitzet:

»Bist ein wacker teutsch Mannsbild«, brüllet er, »und der Armee und dem Vaterland zu grosser Ehr geworden.«

Denn es war wie ein Lauffeuer im Hauffen herumbgegangen, wie ich die feindliche Vorhut, die uns hat hinten hineinwöllen, hett alleyn abgeschlagen und sogar ein Feldzeichen erobert. Solches alles hatt der Hauptmann mit viel blumiger Red berichtet und auch verfälschet, damit auch auf ihn ein Theil von der Gloria abfallet und keiner merckete, dass er sich unter den Decken und Röcken der Marcketenderin verstecket gehalten. Hab so zum ersten Mahle am eigenen Leib erfahren, wie die Historia des Krieges und der ruhmreichen Helden entstehet.

Hat mir auch der Weibel kein Uniformstück geben und

mich mit Hirngschissner genennt und »Passt!« geschrien, so es nit passte. Er hat vielmehr feyn höflich gesagt, sollt mir selber das best Stück heraussuchen und hat mich beraten, welche Uniform das feinst Tuch und welchs Barett die schönste Feder gehabt und bin ich solchermassen davonstolziret, prächtig in leuchtend roth und grünem Tuch, wie ein Pfau, ders Rad schlagen möcht.

Ists aber damit noch nit aus gewest, sondern haben die Obern Meldung gemacht ins Hauptquartir und hat wol der Feldobrist noch etlichs dazuthan, indem er gesaget, dass er den Hauptmann und mich in kluger Fürsicht hatt zur Nachhuth bestellet und seys uns gelungen, eine starke Truppen des Kaysers, welche das Regiment hett einschleussen sollen, in einer geschickten Strategie abzuschlagen, wie solche in seiner Truppe würd gelehret.

So ist unser wintziger Schneeballen Ruhm zur Lawine gewachsen, und ist solcher Lawin allerhand Geglitzer nachgefolget. Da ist kommen ein grosser Orden mit Brillianten für den Feldobristen, ein etwas kleynerer, aus Silber gemachet, für den Hauptmann und ein sternförmig funckelnd Stück Metall für den Caporal Schwärtlein.

Solch alls wurd uns verliehen in einem Stättel in der windischen Marck, darumb seind riesenhohe Berg gewest, wie ich sie nimmer hett für möglich gehalten in Ansehung der braven Beerenhügel meines Heymathlands, und waren nahebey Seen von einer tief leuchtend blauen Farb wie Augen unsers lieben Herrgotts. Und ist inmitten solcher Pracht das Mansfeldisch Regiment im Karree angethreten, seind die Trommeln worden gerühret und haben die Pfeifflein geblasen — wobei ich ein klein Grüsslein dem Schnautzen Schlechthaus zugesandt —, und haben müssen nacheinander vor einen Obristlieutenant treten, welcher mit einer seydenen Schärpen hat ausgesehn wie ein Balljüngfferlein, und habens uns das Metall an die Brust gehefftet, will sagen an die ausstaffireten und auswattireten Parthien feynen Tuchs, darunter unsre Brüstlein Zuflucht gefunden.

Und hat dazu der Obristlieutenant immer gesagt:
»So hefft ich dies Insignium fürstlicher Gnad an Euer tapffre Brust.«
Hetts aber dem Hauptmann an den dicken Schädel hefften sollen, darauff ich mich gesetzet und ihm so zur Tapfferkeit erst verholfen.
Hernach hat auch der Feldcaplan gesprochen und dem HERRN gedancket, dass er so brave Männer hat wachsen lassen in teutschen Gauen, und hat gesagt, er segnet die Waffen, mit welchen wir solches vollbracht. Hett dies aber in meinem Falle gewiss nit gesagt, da meine Waffen in der Begegnung mit den fünf Sächslein seind gewest der böhmisch Sliwowize, das unheylig Würffelspiel und die säuischen Witz. Haben danach noch alle müssens Tedeum singen, einen Ochsen am Spiess brathen und hat jeder Mann ein Lither rothen Italiänischen empfangen, welches mir in der Truppe viele Freund gemachet.
Zwey Täg später seind wir weitermarschiret. Die Berg hatten sich zugezogen in ein dicks Gewölck, und im Thale herunt hats ein Unwetter geben, wie ichs nie zuvor erlebet, mit Blitz, Donner und Hagelschlag, und hat zween Täg und Nächt gedauret, dass die Bergflüss seind übers Ufer threten, dass wir offt haben müssen durchs Wasser marschirn, und ist gewesen ein Gräuel wie am Jüngsten Tag.
Und ist dabei ein gar schrecklich Ohnglück geschehn, dass nämlich die Marckentenderin hat müssen austhreten und ist an ein Brücklein gangen, und sieht die Barbara noch, welche nahebey gehalten, wie sie über der Brücken die Röck hebet. Und kippet mit einem Mahle nach rückwärts — vielleicht hett sie ein Schlag troffen — und ist in die strudelnde Höll des Bergflusses gestürtzet, welcher ihren Leyb sogleich eylends davongetragen. Hat die Tochter umb Hülff geschrien und habs auch ich gehöret. Bin sogleich zurück und erfahrs Ohnheil und haben wollen der Frau nach, ist aber nit mehr worden gesehn, und gabs kein Hoffen, ihrem Leichnam noch ein christlich Grab zu bereyten.

Hab also das weynend und schreyend Maidlein in meinen Arm genommen aus Erbarmnis und ohngedacht es so hässlich gewest und habs wollen trösten mit einem guthen Zuspruch. Wie nun der Mutter Befürchten nit wahr würd, dass die Hund ihr würden aufs Grab pissen, sondern trüg sie das Wasser wol hinunter durch andere Flüss bis ins Meer, wo sie vergehen würd unter der Sonn und den Sternen, und die Fisch würden ihr Leiblichs fressen, und würden solche Fisch vielleicht dem hochweisen Doschen* der Republik Venedig, so unser Ziel gewest, zur Nahrung dienen.
Doch hats Maidel sich nit trösten lassen und ist ihr nur immers Wasser das Gesicht heruntergeloffen und hats abgewaschen, mit ihrer Thränen Fluth im Vereyne. Und da ich ihr die Zosseln zurückstreich, welche ihr immer über die Wangen hereingehänget unds Gesicht wird reyn vom Regen, erkenn ich, dass dies ein gar hübsch Maidlein gewest und es nur der Mutter Wille und List, dass sie sich hett müssen garstig machen als Schutz vor der wüsten Cumpaney der Landsknecht.
Hab also, umb ihr mütterlich Vermächtnis zu erfüllen, in einem guth väterlichen Gefühle der Barbara beygestanden, sie in den Wagen gesetzet und selbst die Zügel genommen, umb die Rösslein den Pass hinab gen Italien zu führen. Da ich ein Held und Caporal gewest, habens die Landsknecht wol verstattet und auch nit gewagt, sich dem Wagen mit dem trauervollen Jüngfferlein zu nähern. Und war auch den Officirs solches recht, da in den Vorräthen der Marcketenderin viel Capithal war investiret, welche ein rechtschaffen Mannsbild hat schützen müssen.
So hatt für mich der schmertzliche Todtesfall sein Guths, da ich nit mehr hab müssen marschiren, sintemahlen der Regen am dritten Tage sich in Schnee gewandlet, welcher sich auff dem Boden gehäuffet unds Marschiren elend ge-

* *Doge, italienisch = venezianisches Staatsoberhaupt.*

machet. Haben auch müssen die Kufen untern Wagen ketten und den Rössern Glöcklein umbgehänget. So wars ein Geklingel und Gebimmel wie in der Weihnachtsmess, und muss wol auch umb die Zeyt des Christfests gewesen sein. Habens nur nit bemercket, weyl wir in dem himmelhohen Felsgebürg nur langsam seind vorangekommen und zu späth zum Winterquartire aufgebrochen.

Ist bald besser worden, da wir ein Stättlein erreichet mit prächtig marmornen Häusern und Kirchthürm, worauff die Glocken sich an Rädern gedrehet, wie ich solches nie zuvor gesehen, und hat geklungen wie ein gar lustig Musitziren und hat mir solches sehr wol gefallen. Hatt das Stättlein Udine geheyssen und zur Republik Venedig gehöret, welche den Unsern war verbündet, da dort kluge Kauffleuth regiret, so sich jeweilen mit denen verbündet, welche für ihr Statt und Länder hetten eine Gefahr sein können. Ist also auch in Udine der Herr Podester*, welches auf Italiänisch der Bürgermeister gewest, in einem gar prächtigen Atlaswams mit seinen Gemeinderäth und Schreibern vorm Thor gestanden und hat dem Commandeur den goldenen Schlüssel der Statt überreichet, auff dass wirs nit sollten plündern, und seind von den Unsern auch wieder die Helden vorgeführt worden, darunter auch der Schwärtlein und sein von ihm ärschlings besessener Hauptmann. Und da der Podester gehöret, dass ich die Fouraschen führet, hat er mir von seinen Gehülfen gar köstliche Fresserey bringen lassen, als da seind viele grosse Würst, die sie dortzulanden aus Eseln machen, und ein Menge Flaschen rothen Weins, die im Welschland in Körblein gehalten werden, was gar lustig aussieht.

Zum ersten Mahle hat auch mein Maidlein, mein liebs Töchterlein, wie ich sie immer genennet, wieder kräfftig gessen und auch vom Weine getruncken. Seind jetzo die Felsbürg weit hinter uns gewest, und ist ein milds Lüfftlein

* *Wahrscheinlich Podestà, italienisch.*

von Mittag herkommen, welches uns gar wohlgethan, und hab sogar wieder einmals Flöthlein geblasen auf meinem Bocke, welches der Barbara gar wol gefallen. Ist auch ein Dufften gewest wie von Zimmet und Saffran, und ist solcher Dufft von Bäumen und Gesträuch gekommen, das im Winter das Laub nit verliret, sondern seind daran kräfftig dunkelgrüne Blätter gewest, welche niemahlen herabfallen. »Schau, Maidel, wie schöns hier herunten ist«, sag ich zu der Hinterlassenschaft der Marcketenderin, welche sich nun neben mich auf den Bock gesetzet, umb all das wunderbar Land- und Stattwesen zu sehen, so sich den Blicken entbreytet.
Bey der hochberühmten Statt Padua, welche späther noch sollt eine Rolle in meinem Leben spieln, ist ein Hain gewest, wo die Citron und Oranschen haben freyweg an den Bäumen gehengt, wie solche bei uns nur umb die Weihnachtstäg die Kauffleuth aus einem Spankistlein feilbieten. Ich sag den Zossen »Brrr!«, spring herunter und pflück dem Maidlein etzlichs Obst. Sie schälet auch sogleich ein Oranschen, zertheilet sie mit den Fingern und schiebet immer ein Stück in ihr eigen angenehms Mäulchen und eins mir zwischen die Zähn. Dabey hat sie gelacht und war mir so nahegerücket, dass ich ihr runds Knie an meinem Knie spür, und ist mir gewest, als wär ein gantzer Stamm Ameyssen ihr unterm Rock hervor und mir in die Hosen gekrochen. Denck aber an die tote Marcketenderin und wie solche aus guten Gründen die hübsche Barbara hatt wüst gehalten und seuffz vor mich hin: »So bin ich nun dein Vater, Maidlein.«
Sie runzelts Näslein und sagt:
»Das hättst zu Mutters Lebzeiten sollen sagen, da sie immer einen Vater für mich gesuchet.«
»Wärs dir recht, wenn ichs würcklich wär?« frag ich, und muss was in meiner Stimme gebebet haben.
»Nein, wär mir nit recht . . .«
»Warum nit, Barbara?«

»Weil du zu alt bist. Hast schon ein zittrige Stimm.«
Und hat dabey so ein runzlig Spottnäslein gemachet und ist süsser gewest, denn irgendein Weib, welches ich je gekannt, dass ich ihr ein Schmatz hab nauffgedrückt. Und sie hat mich gewatschet und mir auch ein Schmätzlein geben, dass mich alle Teuffel im Leybe gezwickt. Haben aber Padua umbgangen, weil wir nit recht gewusst, mit wems dorten der Podester und der Rath halten, und seind abgebogen nach Sonnenauffgang gen Venedig, wovon wir schon viel unglaubwürdige Historien hatten gehört.
Vor Venedig aber, welches im Meere liegt und gantz abgetrennet vom festen Land, ist beim Stättel Mester* ein trocken Feld gewest, nit weit weg von sumpffigem Geländ, wo wir haben können die Zelt auffstellen und die Trosswagen, inmitten auch unser Marcketenderey. Und seind nun die Nächt warm gewest, und Burschen herausgekommen von dem Venedig, welches mit vielen Thürmen am Horizonthe gestanden, auf schwartzen Barcken wie prächtig geschnitzte Särg. Haben Guitarr gespielet und bunte Lampion gehabt und gesungen mit hohen Stimmen, welche offt curios überkippeten.
Ist aber das Bärblein vor Entzücken ganz hin gewest und kriechet eins Nachts zu mir unter die Decken, da ich im Wagen geschlafen, und saget, ihr ist so warm.
»Ziehs Hemdlein aus«, sag ich, und sie hats than.
Und hab in derer Nacht vergessen, dass ich hatt ihr Vater sein wollen und bin sündig mit ihr worden, was aber höchst angenehm und lieblich gewest, und wir noch des öffteren wiederholet in derselben Nacht und den Nächten danach. Haben nachher die Sünd in Venedig gebeichtet und legalisiret.

* *Mestre, heute durch eine Brücke mit Venedig verbunden.*

## Das zehent Capitel

*Von der königlichen Republik Venezia*
*sowie den Teutschen darinn,*
*und wie ich von der Beicht bin ohnmittelbar*
*in neue Sünd gefallen.*

Es ist doch ein guth Ding, hab ich mir dazumahlen offt gedacht, ein Held zu sein, ein schöne Uniform und ein schöns Weib zu haben und im Quartire zu liegen vor Veneziam, welches aller Stätt und Meere Königin rechtens genennet ist. Hat man auch unser Winterquartir weith über die Zeit hinaus bis in den Sommer verlängert, da wir in einer Allianz mit dem Doschen* gestanden und selbiger Schutz suchet wider den Türcken, welcher sich eben damals wieder im Hungrischen mausig gemachet.

Wie der Frühling ist gekommen, seind viel Frembde ins Venedig zugereiset und haben die Barbara und ich mancher Länder Sprachen, Tracht und Kopfbedeckung kennengelernet. Waren aber vor allem aus teutschen Landen gekommen, neben solchen von den brittischen Insuln. Hab auch müssen lachen, als ich mit meinem jungen Weibe übern Platz des Evangelisten Markus spatziret, welcher von den prächtigsten Kirchen und Palästen ist umbgeben — der eintzig gross feste Platz in der Statt, so ansonsten völlig ins Wasser gebauet —, und hat allda ein gewichtiger teutscher Herr zu seinem Ehgemal gesaget:

»Schau, ein teutscher Landsknecht! Wie gar herrlich er einherstoltziret, die Brust gezieret mit dem Signum der Tapfferkeit. Seind doch unsre Teutschen die besten und tapffersten Krieger der Welt.«

* *Doge s. a. a. O.*

»Nun«, sag ich zu meiner Süssen, als die Zween vorbey gewest, »wenns Leuth bescheyssen, Würffelspiel und Schnapssauffen die Tapfferkeit ausmachent, wies bey mir gewest, so mein ich, dass auch andre Nationes solches zuwegebringen, die böheimbschen Zigeuner nit ausgenommen.«

Waren uns solche Landsleuth in der Frembde überhaupt nit sonderlich lieb. Wiewohl es Menschen von grossem Reichthume gewest, Kauffleuth, Banquiers und ansehnliche Grundherren, deren Namen man uns in einer Wirtschafft mit hohem Respeckte genennet als die C., die T., die W., die F.* — — Grafen, Baronen und Fürsten gar —, seinds uns doch offt zuwider gewest, weyl sie sich besser dünckten, denn die andern Nationes, insonderheit die Italiäner, da sie solche wol gern die Arbeit haben für sich thun und ihre schwere Bagasch tragen lassen, sie aber minder geachtet, und auch insonderheyt gemeynet, sie seien nit so tapffer wie die teutschen Soldaten.

Hab aber in den späteren Jahren offt zu thun gehabt mit denen Italiänern im Kriege und im Frieden und mich nit daran gestöret, dass sie lange Würmlein aus Teig essen, welche einem aus dem Maule oder von der Gabel glitschen — was auch die teutschen Gäst ihnen vom moralischen Conto abgezogen —, sondern hab sie allweyl befunden als ein freundlichs Volck, welches zuerst seinen Gott und seine Familien geliebet und hernach erst das Vaterland. Wenn aber einer wie ich hat erfahren, was für ein Popanz wird offt aus dem Vaterlande gemachet und wie mans dort für Geld und guthe Geschäft verräth, ist einem das italiänisch Wesen schon lieber und solche Reihenfolge recht . . .

Weswegen wir es auch nit gern gesehen, wenn unsre Teutschen — so sie genug von den gar köstlichen Weynen des Landes getruncken, darinnen sie Gäst gewest —, lauthals haben Lieder gesungen, worin sie das eigen Vaterland als

* *Die Namen hier nicht ausgeschrieben, da es sich um Vorfahren heute noch lebender bekannter Geschlechter handelt.*

das beste Land der Welth und seine Weiber, Flüss, Berg und Wälder als die schönsten gepriesen. Haben darüber das blaueste der Meere, welches nahe Veneziam gewest, die schön schwartzen Maidlein und die schmiegsam weichen Lüfft, so die köstlichen Trauben und Baumfrücht erzeuget, schier vergessen.
Haben einmahl die Barbara und ich in einer Bottegen gesessen, wie die Wälschen ihre Wirtschafften nennen, und haben ein Krüglein Weyn getruncken, als da seind auch Teutsche am Tisch daneben gesessen, und hat sich ein jeder dem andern gegenüber gerühmet, wie schnell ihre Postkutschen oder Chaisen übern Brennerpass nach Italien gekommen. Muss wol auch ein jeglicher noch etzlichs dazugelogen haben, denn es hett müssen die schiere Hexerey sein, wenn sie würcklich, angesichts des elenden Zustands der Strassen, in drei, vier Täg wären von Innspruck bis in die veneziaanische Republik gekommen. Und würden auch wenig gesehen haben von all der Herrlichkeit, welche an ihren Wegen ausgebreitet gewest.
Hörten wir denn auch einen von denen fragen:
»Wieviel machet Ihrer?«
Antwortt der ander: »120.«
»Meiner machet 150 . . . . 120 ist zu wenig!«
Haben erst späther herausgebracht, dass sie die Schrittführer ihrer Sänfftenträger gemeinet, und wieviel Schritt jeder in der Minuthen gethan. Zerstritten sich auch, ob eine guthe Sänfften müsst eine spitz windschlüpffige Form haben oder ob solche mit einem runden Dach schneller vorankämen. Und seind diese Reisenden offt eine Gefahr worden, wenn sie ihre Sänfften über die kleinen Brücklein und die schmalen Weg entlang den Canaletten haben galoppieren lassen und andere Passanten umbgerennet, dass man sie hat ins Hospital bringen müssen.
Wie weit ist doch all solch neuzeytliche Ohnrast und Raserey entfernt gewest von der friedsamen Stille in meinem Neustättlein, das ich nun schon vor so langer Zeyt verlas-

sen, ohn rechte Hoffnung, es jemahlen wiederzusehen, da ich mich immer weiter davon entfernt. Gedachte offt hertzlich der lieben Eltern seelig und meiner Kindlein, insonderheyt der drey erstgeborenen Buben und was aus ihnen dereinst möcht werden. Ist manchs Thränlein in meinen Barth geflossen, welchen ich mir hab wachsen und modisch stutzen lassen, dass mich mein verflossen Weib, die Marthe, nit würd erkannt haben, deren Redlichkeit ich auch mitunter gedacht, wenn auch meyn Bärblein andre Vorzüglichkeiten hatt vorzuweisen, welche mir viel Freud und Amüsierlichkeit in unserm Marcketenderwagen geschaffen.

Eins Tags nun putzet sich die Barbara heraus in ihrem allerbesten Staate mit viel Rüschlein und Spitzen, welche sie alle im Venedig erstanden, und lässet auch mich Barth und Haar mit Pomaden streichen und den Stern an die Uniform hefften.

»Was willst, Maidel?« frag ich voll Erstaunen.

»Hab uns gemeldet bei einem teutschen Caplan im Markusdom, dass wir möchten beichten. Leben nun solang in der Sünd, dass wir uns müssen davon absolviren.«

Nun war mir solches nit eben recht, da ich doch vor allem hett beichten müssen, dass ich ein bravs Gemahl und etzliche Kinder daheym hatt und derweilen mit vielen andern Weiberleuth geschlafen und des Wärthels Tochter in Eger auch ein Kind von mir getragen. Hat aber die Barbara ihren Willen durchgesetzet — da sie nit nur eine Meisterin in der Liebeskunst gewest, sondern auch eine solche im Schimpffen und Schelten, was sich im Landsknechtslager leicht erlernet. So hab ich ihr umb Gottswillen nachgegeben und denck mir, beichtest nur das, was auff italiänischem Boden geschehen, da man ohnedies nit weyss, ob sie in den himmlischen Kantzleyen die Sündenregister nit nach Ländern und Nationes führen.

Seind wir also nach Venedig hinein und zum Markusdom auf dem grossen Platze, der mit christlichem Kunstwerck in purem Silber und Golde reich gezieret, aber auch mit gar prächtigen Rössern auf dem Dache, so gut im Futter standen und noch sollen aus heydnischen Zeiten gewest sein. Drinnen in der Kirchen ists sehr finster gewest und haben viele Kertzen gebrannt, und ist mir solche Feyerlichkeit und der Brodem des Weihrauchs auff die Nieren geschlagen, dass ich gern einmal austreten wär, sintemahlen ich auch schon etzliche Schöpplein zur Ermutigung getruncken. Doch hat mich die Barbara nit lassen und mich stracks zu einem Beichtstuhl gezerret, welcher ihr offenbar schon bekannt gewest.

Haben dort nacheinander niedergekniet, und hat sie zuerst ihr Sprüchlein geflüstert und hernachen ich meins, und ist bey beiden die gleiche Ohnkeuschheit gewest, sodass dem Caplan ist ein unnütz Mühen erspart geblieben und hat uns seine Buss gesagt und uns hernachen absolviret.

Da ich nun denck, ich darff ausser, weyl mich die Blasen immer mehr gedrücket, bleibet die Barbara stehen, wart bis der teutsche Caplan heraussen ist und saget, er sollt nun auch das ander mit uns vornehmen.

»Ich muss ausser«, sag ich ihr, »was hast noch vor?«

»Er trauet uns«, antwort sie, »habs lang mit ihm besprochen.«

Wär ich so tapffer gewest, als der Stern auf meinem Wams hat vorgegeben, so hett ich nun ein gewaltig Protestiren müssen anfangen und wegrennen gesollt, so die Barbara nit auf mich gehört. Hab aber nit können rennen, weils mich innen so arg gedruckt, und wie ich mein Maidlein gesehen, in Spitz und Rüschen lieblicher denn zuvor, hab ichs auf die neue Todtsünd ankommen lassen und nur gesaget, der Caplan sollts wegen meiner Ohnpässlichkeit rasch machen. Und ist solche Feyerlichkeit auch in ohnziemlicher Eyl geschehen und hab den Dom des Marco, wie ihn die Italiäner heyssen, mit einer neuen Frau Schwärtlein am Arme verlassen, zu welcher der Priester die Barbara heunt und ich sie schon sehr viel früher gemachet.

Nun war aber mein Seelen- und Leibesqual so gross, dass

sich mir etzliches im Kopff verwirret und ich selbigen Caplan, den wir eben verlassen, noch einmal seh draussen vorm Porthale stehn, allwo die Bettler und aussätzige Weiblein ihre Hand ausstrecken, und hör ihn laut rufen:
»Johann, du hast ein bravs Weib und sieben Kindlein daheym. Du bist der Höll und dem Ewigen Feuer verfallen.«
Und da ich ihm voll Schrecken ins Gesicht schau, ist es quittegelb und hat selbiger Caplan beim Bewegen den einen Fuss ein wenig nachgeschleyffet. Meyn also, dass dies der spanische Baron ist, so mich zum Söldner gemachet, pack ihn und stoss ihn nieder, dass er über ein geschmiedet Kreutz am Porthale stürtzet und hat sich sogleich in die Lufft aufgelöset und ist nur ein Rüchlein von Schwefel übergeblieben.
Weiss nit, was hernach mit mir geschehen. Bin erwachet in einer Bottegen, wo mir die Barbara die Lippen mit kräfftig italiänischem Brannteweyn genetzet und hat gesagt, es hetten mich zwei Burschen dahergetragen, da ich nach unserer Hochzeit wol von dem grossen Leibsdruck sey ohnmächtig worden. Hat aber nit gesprochen von dem mit dem gelben Gesichte, noch von dem, was er gesaget. So hab ichs auch bleiben lassen und mir fürgenommen, die alth Schwärtlein zu vergessen und mich der neuen ehelich angetrauten hertzlich zu erfreuen.
Dies ist mir zu der Stunden auch nit schwer geworden, da wir die eintzigen Gäst in der Bottegen gewest, und sie mich geküsset und zärtlich geworden und hat ausgeschauet, wie ich nie ein Weib zuvor hab so bethörend gesehn. Haben wir uns auch ein gewaltigs Mahl bestellet von Pasteten, Wildbredt und allerley Geflügel, und dazu Weyn getrunken von Orvieto, welcher ist süss und schwer und in uns Verheyrath und dennoch Verliebten die holdesten Gefühl erwecket.
Nur Fisch haben wir nit essen mögen im Erinnern an den curiosen Todt der Marcketenderin.

## Das eilfft Capitel

*Worin ich den Lohgerber in mir nimmer erkenn, die Barbara Hausputz haltet und ich sie auf ewiglich verloren.*

Manchesmahl hab ich mich in derer Zeit gefraget, da ich im prächtigen Wams und Barette über des Heiligen Markus Platz zu Venedig spatziret und mich die teutschen Herrn und Damen einen Helden geheyssen, ob dies wol alles noch der gewesene Lohgerber aus dem Neustättel sey mit einem braven Weibe und etzlichen Kindern, eines Seilers Sohn und der Zechcumpan der Gevattern Bäcker, Schuster und Flöthenbläser im Güldenen Leuen. Hett ich nit dem windigen Baron Montsalvari danckbar sein müssen, da ich in meiner Barbara das süssest Geschöpf in Armen gehalten und uns die Monath von Januar bis September der allerschönst May gewest.

Haben uns erfreuet aneinander, und wenn wir des Nachts im Wagen beyeinander gelegen, hats nach fremdländisch Blüthen und Gewürtz herein gedufftet, als da seind Orangsch und Lorbeer und insonderheyt die betäubende Oleanderblüth. Ach, seind wol auch zuzeiten wie betäubet gewest, da wir ineinander unser gesegnet und doch sündigs Glück genossen.

Haben die köstlichsten Weyne getruncken von Verona und den Ufern des gardonischen Sees* und hat uns der Rath vom Stättlein Udine, da wir ihre Häuser nit gebrandschatzet und marodiret, noch immer auch Weyn und die milden Würst gesandt, die sie Mortamteller** nenneten, und die

* *Vermutlich Gardasee.*
** *Mortadella, italienisch.*

salamischen, die sie von denen Eseln bereythen. Ist mit der Barbara eine rechte christliche Ehe geworden, da wir uns zu Zeythen, wie sichs für eine solche gebühret, auch kräfftige Worth und harte Objecten an den Kopff geworfen, ich ihr wol auch hin und wieder den Hintern versohlet, manchsmal den blossen. Ist dann immer das Versöhnen mitm Bärblein sehr süss gewest, insonderheyt im letzteren Falle.

Und hett dies alles wol so dauren dürfen noch das gantz Jahr und viele Jahre weiter, da die Barbara so bluthjung gewest und mir noch viel an Köstlichkeyten ihres Leibs hett bieten können, wenn mich das Schicksal in all meiner Landsknechtzeit nit stets hett so erbärmlich tracktiret, dass ich immer wieder aus dem Himmel in die Höll gemusst, woran auch jener Montsalvari mag schuld sein, welcher mir im ohnangemessenen Priestergewande unter dem venezianischen Domporthale erschienen und bald auch wieder in Person hat erscheinen sollen.

Ist October gewest und hat gerad ein sumpffigs Fieber im Lager gewüthet, welches etzliche Opffer gefordert und noch viele schwach zurückgelassen — uns Zween im Fouraschewagen hatts verschonet —, als mich der Hauptmann hat zu sich rufen lassen, umb mich als Courir zum Hohen Rathe der Republik zu entsenden. Ist mir von ihm befohlen worden, mich als Held herauszustaffiren, mit der extra Uniform und dem Stern auff dem Wamse, umb im Palaste des Doschen vorzusprechen und allda bei seiner sanitairen Section zu vermelden, dass die Seuch im Lager erloschen, und umb Permission zu bitten, dass die Landsknecht wieder dürfften die Stadt betreten, was ihnen bislang wege der möglichen Ansteckung der Bürger und Reisenden verboten gewest.

Hab nathürlich die Barbara wollen mitnehmen und auch schön ausstaffiren, da insonderheyt die jungen Italiäner in der Statt sich nach dem blonden Fraulein die Köpff verrenketen und solches meinem Besitzerstoltze wolthat.

Gabs auch immer Auffzüg zu sehen auff den grossen Canälen mit goldenen, reichgezireten Gondeln, die prächtig mit Blumen umwunden oder des nachts erleuchtet gewest von vielen Papierlaternlein in allen Farben, wozu die Gondolier — so heissen sie sich da — musitziret und gesungen, was offt ein wunderbar Ergetzen gegeben.

Nun hatt aber mein Bärblein für diesen Tag ihren Hausputz angesetzet, wovon sie sich nit mehr hat abbringen lassen. Und seind in einem solchen Falle wol alle Weiber gleich, ob sie in einem Palaste wohnen oder in einem Trosswagen im Heerlager. Sie seind nämlich fürchterlich, und man müsset einmal untersuchen, was an Ohnglück in der Weltgeschicht ist verursacht worden, weil die Weiber zu einem gewissen Termine ihren Hausputz gehalten. Der König Salomo ist sicherlich ein feiner Cavalir gewest, sonst hett er im Hohen Lied seiner Sulamith auch was davon gesungen, wie die Liebliche sich verwandlet, da der Putzteuffel sie heymgesucht. Auch meine Barbara hat in der Stunde wieder schier so ausgesehen wie dazumahlen, als die Mutter noch lebete und sie mit grausligen Haarzosseln auf dem Bock die Peitsche geführet. Sie hatt den Wagen ausgeräumt und alle Kleider und auch die Mordamtellerwürst an eine Wäscheleyne gehenckt und alls ander Hauswesen im Gras entbreytet.

»Komm, Bärbel«, ruf ich frohgemuth, »wir besuchen den Hohen Herrn Doschen in der Statt.«

»Ohnmöglich!« ruft sie zurück, und ist Grimm in ihrer Stimm gewest, »siehsts doch selber.«

»Den Krimskrams räumen wir schnell wieder hinein«, sag ich munter. »Helf dir gern. Muss ohnedies die guth Uniform haben.«

»Die kriegst jetzo nit. Muss erst den Staub herausserklopffen«, ruft sie, ohn dass sie den Grimm hett gemindert.

»Ist Befehl«, ruf ich dawider, was immer der Männer ihr heyligst Argument.

»Scheyss auf dein Befehl«, saget sie gar ohnzarth und will

mich hindern, Wams und Hosen von der Leynen zu nehmen.
Doch ergreiff ich beids mit Ohngestüm, nehm den messingnen Stern aus einem Kästleyn, das auf der Erd gestanden, und geh in den leeren Wagen, mich umbzukleiden. Hett gewiss die Bärbel mitnehmen sollen, sie übers Knie legen und den Befehl auf ihren Hintern bläuen. Doch seind offt die Männer im falschen Momente zarthmütig, und drumb geschiehts Ohnheil, was sie hetten verhindern mögen, wenn sie Männer geblieben und nit den Frauen die Hosen angelassen.
So spring ich also ein Viertelstund später, in einen Pfau verwandlet, wieder vom Wagen, ruf dem Dreckspatzen ein »Adiöh« zu, ohn ihr das übliche Schmätzlein zu geben, und geh zum Hafen, umb mich einzubarckiren. Und bin die Barbara los gewest für Zeit und Ewigkeyt . . .
Und ist solches so zugangen. Haben in Venedig an dem gar prächtigen Ufer angeleget, das sie nach den Slawonen oder Slowenen genennet, und bin die wenigen Schritt zum Palaste des Doschen hinüber, der wie eines Zuckerbäckers Meisterwerck neben dem Dome des Markus stehet. Bin über eine marmorne Treppen hinauff und haben alle Posten die Spiess präsentiret, wenn sie mich als teutschen Landsknecht erkennet. Denn es haben bis zu diesem Tage — und auch keinen einzigen länger — die teutschen Söldner in Venezia in hohen Ehren gestanden. Hat mir auch ein Rathsschreiber, der schier wie ein König angethan gewest, sogleich die Pergamenth ausgestellet, die unseren Landsknechten verlaubten, wieder die Statt des geflügelten Leuen zu betreten. Denn brachten solche ja auch manchen guten Batzen in die Wirthshäuser und Bottegen und in die Stuben der gefälligen venezianischen Fräulein.
Da nun mein Couriraufftrag erledigt, geh ich noch einmahl in den güldenen und silbernen Dom, thu ein stills teusch Gebethlein zum Herrgott, ihm für alls zu dancken, was er mir an diesem Orthe bescheeret, und tret dann wieder auf

den Platz hinaus. Da hatts viele Tauben gegeben, welche dem Evangelisten heylig gewest, und haben die Damen und Maidlein aus Brittanien und Teutschland sie mit spitzen Fingerlein gefüttert und hab so manchs »Ach, die lieb hertzigen Thierlein!« anhören müssen, wiewol sie dann ohn Danck den Maidlein auf die Federhüth geschissen.

Nun gelüstete michs, den hohen Thurm zu besteigen, der da auff dem Platze als Uhrenthurm wird benützet und Campanil heisset. Seind ohnmässig viel Stufen und hab rechtschaffen schnauffen müssen, bis ich oben gewest. War aber Mittag vorbey und stund die Sonn schon ein wenig gen Untergang und hat silbern auf dem grossen Canale geglänntzet. Und hat gen Auffgang das Meer geleuchtet und geglitzert. Hab an alledem mein Freud gehabt, und auch an denen Leuth unten auff dem herrlichen Platze, da die Menschen seind kleyn gewest gleich den Spielfigürlein, so daheym am Christabend in der Krippen als heyligs Gefolge und Hirten auff dem Felde gestanden. Indem ich noch in Betrachtung alls dessen bin, vernehm ich ein unguths Rumplen und Pumpern, das wie ein Gewitter hat geklungen. Wend daher mein Blick wieder gen Untergang und seh allda auch ein Auffblitzen.

War aber kein Wetter, sondern, da ich genauer zuschau, erkenn ich, dass es ist ein Schiessen — und gilt solches unserm Lager, das man hinter Mester an den gelben Spitzzeltlein erkannt. Ist also der Feind herangerücket gewest, ohn dass wir davon die geringste Kund gehabt hetten, und hatt sein Canonade eröffnet, und hab gemerckt, dass ers mit schwerstem Caliber gethan, da ein solch ungeheuer Gedröhn nur entstehet, wenn die schweren Steinkugeln werden abgeschossen, welche ein Kriegslager so wüst verheeren.

Und hab nun mein Barbara da drunten gewusst, mittendrinnen im Hausputze, hab auch mein guts Heym dorten gewusst, den Weyn und die Mordamtellerwürst. Hab drumb aufgeschrien, und seind die Reisenden recht erschrocken, so

umb mich herumbgestanden und sich das entfernte Feuerwerck recht als ein possirlichs Schauspiel betrachtet. »Ein rechte wälsche Tücke«, saget einer der Herren, »doch werden wir Teutschen ihnen solches schon heymzahlen.«
Hab aber nur heymgewollt und nit was von Heymzahlen wissen wollen. Bin also den Thurm hinunter, so schnell als solches nur gegangen, indem ich immer »Bärbel! Bärbel« vor mich hingeflüstert, und haben die Stufen nit wollen enden, und hat sichs in meinem Kopff gedrehet und wär beynahe einer Ohnmacht anheymgefallen, wie schon einmahl im Dome nahebey. Bin zum slawonischen Ufer. Ist da aber kein Fährmann gen Mester gewest. Haben mich zur Brücken gewiesen, so Rialto geheyssen, dass dorten vielleicht eine rechte Barcke stünd. Und bin durchs halbe Venedig, dass mir der Schweyss von der Stirn getroffen, über Brücklein und durch schmale Gassen. Hab mich auch verloffen wieder und wieder. Bin an Wasser gekommen, da es nit weiter ging, und seind auch da keine Gondeln und Barcken gewest. Und ist späth drüber geworden und späther und ohn Hoffnung, dass die Bärbel noch leben kunnt, da auch das Getrommel von Mester her allmählich auffgehöret.
»Ach, lieber Himmel« hab ich vor mich hingestöhnet, »hett ich doch die Barbara windelweich gedroschen, umbgezogen und mitgezerret, so hett ich sie bey mir und kunnt mit ihr in Venezia einen Unterschlupff suchen, welchen man einem tapfferen teutschen Landsknecht nimmer würd verweigert haben. Nun hat mein weichmüthig Handeln mir und ihr das Ohnglück gebracht!«
Hab endlich einen Rudersmann gefunden, der mich gen Mester hat barkiret, und hört schon am Ufer, dass die Frantzosen das teutsche Lager gestürmet und alls darin massakriret. Schaun mich auch welche voll Mitleids an, da sie meine teutsche Uniform erkannten. Und sah ich im Geiste ein liebs Gesichtel wächsern und voll Bluth.
Ist hernach nit gantz so schlimm geworden, als die Leuth er-

zählet, da der Hauptmann für seine Rotten einen freyen Abzug hatt erwürcket, und fand ichs Lager leer, als ich mich nach der Dunckelheit dort eingeschlichen. Bin auch an den Platz gekommen, da unser Fouraschewagen gestanden und schauckelten allda noch der Barbara Leinen im Abendwinde. Doch seind daran keine Würst noch Kleidungsstück gewest und auch sonst kein Spur im Grase als nur jene, da die Räder sich eingedrücket im Boden. Hatten sie wol noch mehr niedergedrücket mit unsern Leibern in unsern glücklichen Nächten, die jetzo vergangen gewest.
Hab mich niedergebeuget zur Erde, recht ein betrübter Lohgerber, dem die Felle davongeschwommen, und hab die Stell geküsst, da sich die Räder am tiefsten hatten eingepresst. Hab geweynt und gebethet. War aber viel Lärmens um mich, ein Geklirre, das nit von Spiess und Piquen hergerühret, sondern von eisern Pantzeruniformen; denn, wie ich bald erkannt, seind es frantzösische Cürassirs gewest, die das Lager gestürmt.
Sie haben an Feuerlein gesessen und ihre Gloria gefeyert beim Sauffen und Singen, wovon ich kein Wort verstund. Überall hattens Feuer angezunden. Und seind solche auch mein grösst Ohnglück geworden, da sie mich angeleuchtet, als ich mich heymlich wieder aus dem Lager hab stehlen wollen, die Meinigen zu suchen.
Brüllt einer »Halt«, was auch die Wälschen sagen — können nurs ›H‹ nit sprechen, dass es wie ›alt‹ geklungen — und bleib stehen, da an Flucht nit war zu dencken. Ist dies für sie ein gross Gaudium gewest, dass sie doch noch einen Landsknecht hatten fangen können und gewähreten ihm keinen freyen Abzug wie den Cameraden. Hat mir einer meinen Stern heruntergerissen und zu sich genommen. Hats um mich geklirret und gescheppert von all dem vielen Eysen, das sie am Leibe getragen, und haben auf mich eingeredt, wovon ich kein Wort verstanden; denn es hat die wälsche Sprach nit die mindest Ähnlichkeyt mit der unsern, wie ich später erst gemercket, da ich eintzelne Ausdrück be-

halten. Doch seind sie ein sehr klugs Volck, da sie sogleich wissen, dass es um ein Pferd gehet, wenn sie ›Schwall‹* sagen, und dass ein ›Schäss‹** ein Stuhl ist, wiewol es einen Wagen bedeutet. Ist ihre Bildung so gross, dass auch die Huren, so sie in Wagen mitführeten, und die Kinder von solchen gantz schnell die sehr schwere Sprach geredet. Sie haben mich in dieser Nacht in einen Kober geschlossen, worin sie sonst mochten Vieh halten, und was sie am nächsten Tag aus mir gemachet, werd ich noch erzählen müssen. Muss noch sagen, dass der Dosche von diesem Tage an die Cürassirs des frantzösischen Königs, umb welche es sich gehandlet, zu seiner Schutzmacht ernennet, und der Rath von Udine seine Würst und den guthen Weyn jetzt den Wälschen gesandt. Hofft nur, dass die Barbara das Ihre noch behalten, auf dass ihr ein wehmuthsvolles Erinnern an mich geblieben.

* *Cheval, m. = Pferd, Roß.*
** *Chaise, f. = Stuhl.*

## Das zwölft Capitel

*Worinnen ich klag um Barbara, alle Rösser verfluch und den nit gantz gelungenen Versuch mach, frantzösisch zu lernen.*

Ach, Barbara, bist doch mein hertzliebst Schätzchen gewest unter allem Weibsvolck, welches mir ein langs und harts Kriegerleben zuaddiret. Noch als alter Mann seuftz ich, indem ich dies schreibe, deinen Namen und hab ihn in bewusster Nacht im Viehkober von Mester immer wieder geflüstert und gestöhnet. So mags denn wol sein, dass ich alls dies nur für dich und umb deiner willen auffschreyb, wiewol du mir hernachen noch gross Ohnrecht zugefüget.
Haben aber selbige Frantzosen, als sie mich haben aus dem Viehkober herauslassen, mich nit umb meinen ehelichen Schmertz befraget, sondern mich vor sich hertrieben mit Worten, so ich nit kunnt verstehen, und hab gedacht, sie wolleten mich zum Galgen führen, allwo ein vertrauter Hanff hett mein unnütz Daseyn beenden mögen. Seind aber mit mir zu einem Zelth, das ich sogleich wieder als eine Kleiderkammer erkennet, welche mir schon soviel Ohngemach zugefüget. Haben mir nit gerade sanft mein best Wams und die pludern Hosen herunterzogen und aus einem Haufen von blechern Abfällen, welche wie Ofenschirm ausgeschauet, mir etwas zugeschmissen, womit ich nit das mindest anzufangen gewusst.
Da habens mich hineingezwängt, dass mir der Odem weggeblieben, haben mir solches Eysen auch vor die Bein und Knie gethan, und als sie alles verschnüret und mit Riemen zugeschnallt, ist mir zumuth gewest, wie in einer eysernen Jungfrau, welche man bekanntermassen verwendt, um Maleficanten ein Geständnis zu erpressen. Hats mir rücklings

den Arsch zusammengezwickt und vorn gedrücket, wo ich solchs am wenigsten mag und mir meine freye Beweglichkeit lieb. Doch ist mir keiner zu Hülff gekommen, als ich schrey, mir passete solchs mitnichten, sondern hat nur der frantzösisch Bulle etwas gebrüllt, was gewiss auch ›Passt‹ geheyssen, da sich darin bey den Nationes wenig Unterschied zeiget.

War auch völlig dasselbe, wies uns auf dem Blachfeld herumbgetrieben und mit ›Lantzen auf und ab‹ das nähmlich alth Spiel getrieben, das einer beherrschet, auch wenn er kein Wort von den Caporals und Feldweibels versteht. Bin ja nur selber kein Caporal mehr gewest, sondern der allerärmst und allerletzt im Hauffen. Doch haben wir auch hier singen müssen, und hats Lied gewiss davon gehandlet, dass das Cürassirleben das freyest und schönst Leben auff der Welt ist und hab, da die andern ihr Lüg gesungen, nurs Maul aufgerissen und lalalala gebrüllet, weils ohnedies nit drauf angekommen, was der Blödsinn geheyssen.

Hab aber schwere Nächt gehabt, da ich auch auff der Pritschen den Pantzer nit hab heruntergebracht und hatts auch schwer, das Nothwendig vorn und hintt aus mir herauszulassen, weils mich überall hat gezwicket, und bin überall voll blauer und grüner Flecken worden. Erst als sich einer von den wälschen Bürschlein meiner erbarmet und mir angezeyget, wie man all den Ohnflath wieder von sich thut und abermahlen anleget, ists mir ein wenig leichter worden. Hab selbigen Cameraden deswegen bey mir meinen Valentin geheyssen, da er sich so liebreich erwiesen und ich den Cameraden Valentin, zunächst meinem Weibe, am ärgsten vermisset.

Ist nun aber etwas geschehen, was alls Schreckniss meyner Landsknechtszeit hat überboten: ich sollt auf ein Pferd steigen. War ein Ross so hoch wie ein Gebürg, und wie ich mühselig hinauffklimm, da ich doch Lohgerber gewest und kein Dachdecker, hauts mich auf der andern Seiten wieder hinab. Haben aber die andern Burschen gelachet und gegröhlet aus Lust, und nur mein wälscher Valentin ist wieder hülffreich gewest und hat mich droben befestiget, dass ich hernach mit den andern hab mittraben können. Und haben solche auch dabey Liedleyn gesungen, wahrscheinlich des Inhaltes, dass das Reiterleben das allerschönst und allerfreyest auf Erden sey.

Hab diesmal aber nur gantz leise Lalalala gemachet, damitts der Zossen nit übelnimmt und mich nit wiederumb aberhaut. Hats aber doch gethan und habens mich wieder hinauffschieben müssen, und hab mir beim Herunterpurtzeln noch mehr blaue und grüne Flecken gehaut, dass mein armer geschundner Leib ausgeschauet wie eine Landkarten, daraus wir daheymb beim Magister Hochmuth die Geographia des Vaterlands gelernet.

Oh Zossen, was bist du für ein gar übel Viehzeug!* Stehet man vor dir, sehnet man sich hinauff, da man sich ängstet, du mögest beyssen oder mit dem Huf ausschlagen, wie solches mich schon einmahl in der holdesten Kindheit beim Nachbar Hufschmied getroffen. Sitzet man droben, hat man die Furcht, herunterzustürtzen und in Dreck und Koth zu fallen. Aber auch herunten bespritzest du den Menschen, der dir zugeordnet wird, mit Dreck oder bescheyssest und beschiffest** ihn gar von hintt.

Zudem bist du von allen Thierlein, so mir bekannt, das eintzige, das sich nit selber reinigt, wie solches jeder Hund und jedes Kätzlein, ja sogar das canarisch Vöglein voller Lieb und Inbrunst thun.

Daher wird dem Soldaten auffgetragen, dich zu säubern an allen Parthien deines Leibs, und trittst du auch hierbey

* *Der Herausgeber erklärt, daß er die folgende Passage ungeändert bringt, ohne den Äußerungen des Herrn Schwärtlein etwas hinzuzufügen. Proteste von Pferdezüchter-Organisationen, ländlichen Reitervereinen oder den Landwirtschaftsministerien der Länder Niedersachsen, Schleswig-Holstein und Nordrhein-Westfalen können also nicht per Adresse des Herausgebers gehen.*

** *Vulgär für urinieren.*

voller Tücken den, welcher dir so Liebes thut, oder bist gar kitzelig am Bauche und steigest in die Lüffte, drohend, den wackern Helffer zu zerschmettern. Hab dich drumb bey solcher Arbeit ob deiner Tücken und Hinterlist offt auch ›Rindvieh‹ genennet, wiewol solches der Gattung nach nit zutrifft.

Auch musst du, miserabler Zossen, im Geschirre gehen und Zaumzäug und Zügel tragen und bleckest, so man dirs anleget, deine garstig grossen Zähn, welche mich immer an das Gebiss von der Ehgemahlin meines Zechkumpanen Pfeill erinnert, und hast wiederumb kein andern Gedancken, als deinen Freund und Helfer zu beyssen. Noch jetzo, als grauhaarig alter Mann, träum ich in Ängsten davon, dass ich müsst mit einem Zossen hantiren oder gar einen solchen besteigen.

Und was hat mich der Arsch geschmertzet, da ich die ersten Mahle bin mit den Cürassirs ausgeritten! Bin gangen wie ein betrunckener Seemann, wie man solchs manchmahlen an dem slawonischen Ufer zu Venedig gesehen, oder als hett ich die eysern Hosen voll, da ohnehin die widerwärtig Pantzerung mit nir erlaubete, wie ein rechter Christenmensch auffrecht zu gehen. Hab mich drumb auch geschämet, als ichs erste Mahl mit meinem frantzösischen Valentin, welcher, wie ich jetzt erfahren, Klod* geheissen, bin in mein geliebtes Venezia beurlaubet worden und klirrend und trampelnd über den Platz des Evangelisten Marco gegangen, darüber ich einst mit meiner Holdlieblichen als teutscher Caporal und Held schier geschwebet. War ohnhin alls so voll des schmertzlichsten Gedenckens in dieser Statt, und hett mich am liebsten von einem Brücklein in einen Canal gestürtzet, wenn mein Klod mir nit hett bedeutet, dass wir wollten sauffen gehn, was noch immer die erhabenste Tröstung ist im Leyde der Welt.

Da wir also über den grossen Platz gehatschet, waren da

* *Vermutlich Claude.*

auch wiederumb teutsche Reisende, welche ich aber nit mocht ansprechen, wiewol der Mutterlaut mir wolgethan. Und sagt ein solcher zu seinem sehr kunstvoll aufgeputzten Weibe:

»Schau dir diese Wälschen an! Wie ist ihnen doch eine ander Gratzie zutheil als den Männern unsres Vaterlandes ...«

Und sie erwiderte ihm:

»Die gesegnete Sonne Galliens thuts an ihnen.«

Scheyss, denk ich, bin im Neustättel daheym und allzeyt ehrlich auffrecht gangen, wies die Mutter mich gelehret. So die Knochen brechen und verdrehn können nur die Caporals in aller Welt und haben selbige wol einen Sonnenstich, der aber nit gesegnet ist. Doch hab ichs nit vermocht, denen eine guthe teutsche Antwort zu geben, sondern bin mit dem Klod sauffen gangen und hab allein das Pfanneflickerlied in der Bottegen gesungen und bin hernachen voll gewest wie eine Strandhaubitzen, und so ich am Abende, da wir heymgemusst, noch einmahl wär diesem Teutschen begegnet, hett ich ihm wol mein spitz Pantzerknie in den Hintern rennen mögen. Und seind dies die ersten Stunden voller Anmuth gewest, welche ich bei den wälschen Cürassirs verlebet.

Nun hatt sichs aber in jenem Lager zu Mester auch begeben, dass ich ein wenig frantzösisch gelernet. Find da so ein Bübel am Wege, welches mocht einer der Officirsdamen oder Soldatenhuren gehören, unter welchen kein grosser Unterschied gewest. Hatt ein Rotzglöcklein an der Nasen und wischs ihm weg, da es ein gar niedlich Büblein gewest — und hab mir gedacht, vielleicht schauet es dem Kindlein gleich, welches des Wärthels Tochter in den Kerckern zu Eger von mir empfangen, oder welches eines Tags die Barbara würd auf die Welt setzen.

War aber das Büblein dem Hülffreichen gegenüber freundlicher als der widerwärtige Zossen und saget:

»Märssi.«

»Heisst märssi bey euch wol dankeschön«, antwort ich und hebs Bübel auf den Arm.
Lachet es da und stramplet gantz fröhlich, und als ich es wieder abgesetzt, machet es mir mit den Händen Zeichen, dass es mich wollts Sprechen lehren.
»Schö«, sagets und deut auff sich, »tü«, und weiset auff mich, »ill« und zeiget auf einen Caporal, welchem ich eben mit schepperndem Bleche musst salutiren, und »ähl«, da kam ein zierlichs Maidlein herbeygesprungen, welches aber seine Mutter ist gewest, wie ich sogleich bemercket, und hat liebe Äuglein gemacht, dass mich das Eysen dreyfach gedrücket.
»Halt, Bübel«, sag ich und zieh ihn am Schopfe, da die Kleine ihn mir wollt entführen. »Muss dirs doch noch wiederholen, dass du siehst, ich hab guth aufgepasst. ›Schö‹, und zeig auf mich, ›tü‹, und weys auf ihn, ›ill‹ — ist aber keiner dagewest vom männlichen Geschlechte — und ›ähl‹ ist die da.«
Lachet das gar goldig Mütterlein und sagt: »Schö: ähl.«
Lach ich auch und sag:
»Madamm ähl«, denn das Wort Madamm hab ich schon von daheym, vom Neustättel gekannt, weils die Bauren denen Hausfrauen gesagt, wenn sie Eyer, Butter und Kohl wollten verkaufen.
»Bademadamm*«, antwort sie, »schö wöv**.«
Und da sie nun würcklich hatt gehen wollen und ich sie gern noch ein Momentlein länger gesehen, wend ich mich nochmals ans Knäblein und frag:
»Jetzt weiss ich, Bübel, was ›ich‹, ›du‹, ›er‹ und die Frau Mutter ist. Doch was ist das alls hier zusammen?« — und mach einen Kreys mit der Hand — »die Soldaten und alle Menschen überhaupt und die gantze grosse Welt?«
Hetts wol müssen verstehen, da ich sehr langsam und deut-

* *Vermutlich Pas de Madame = keine gnädige Frau.*
** *Abkürzung für je veuve (?) = ich Witwe.*

lich gesprochen. Grinset der kleine Schlingel und saget voll Vergnügen:

»Märd!«*

Und da nun das süsse Mütterlein würcklich gehet und meinen kleinen Sprachmeyster mit sich führet, ruf ich ihr nach:

»Auf Wiedersehn« — denn das kunnt ich auf frantzösisch noch nit — »Madamm Märd!«

Da hat sie sich böse umbgedreht und mir die Zungen herausgebläckt, was ich gar sehr bedauret, da ich gemeinet, vielleicht könnt ich doch dereinsten einmahl, wenn ich mit dem Pantzer und Eysenzeug an meinem Leibe besser zurechtkäm, auch bei ihr ein Stündlein auf frantzösisch nehmen, zumahl ich noch nit gewust, wie die Frantzösinnen sich bey solchem anstellen.

Jetzo weyss ichs längst von denen Weibern aus vielerley Nationes und hab erfahren, dass sies alle gleich lieb, wild und bös treiben, und die süssesten Künst müssen wol schon von der Urmutter Eva über alle Völcker und Menschen kommen sein. Hab indessen aber auch erfahren, dass ›Märd‹ ein gar ohnfläthigs Worth ist, womit ich die beleydigt, der ich recht hab schmeicheln wollen. Und hat sie Schanett geheissen, wie ich erst später erfahren. Empfehl drumb, dass alle jungen Leuth, so im Leben und der Lieb wollen zu etwas kommen, zuerst die Sprachen erlernen. Alls andere bringen ihnen die Weibsleuth schon selber bey.

* *merde = Koth, vulgär Sch .....*

werd ich nit schreiben, da ich als alther Landsknecht und Soldat bin abergläubig und möcht im Erinnern nur behalten, was curios, lieblich und verliebet gewest in meinem Leben. Müsset aber nun berichten von einer gar schrecklichen Bataille, in welche die Frantzosen seind gerathen, als sie durchs Oberitalien gezogen und italiänische Stätt ihre Söldner — abentheuerlich zusammengewürfflete Hauffen aus allerley Nationes — wider sie haben ziehen lassen. Und seind so auch wir an einem dreizehnten Novembris in ein erbärmlichs Kämpffen verwicklet worden, da wir von Mester kommend gen Firenze gezogen. Hab auch ich müssen Bluth lassen, da mich ein wüster Bursch von denen mit der Piquen ins Bein gerennet, wo kein Pantzer gewest. Bin aber davongekommen mit meinem Zossen, wovon ich im nächsten werd berichten.

Will nur soviel sagen in diesem nit geschriebenen Capitel, dass ich nach besagtem bluthigen Vorfall, welcher uns viel Todte gekost, hab mir mein eigen Gedancken gemachet übers hochgepriesne Heldenthum, wovon die Obristen und Feld-Caplän so gern reden. Hab windig arme Bürschlein dreinhauen sehn wie die Bersercker — nit umb den Feind auszurotten, sondern weil sie ihr eygen Leben wollten retten und hatten wol Weib und Kinder daheym, dafür sie sich auffspareten. Und solche, welche am Lagerfeuer die grossarthigsten Reden geführet oder ihre Leuth herumbgejaget mit ›Spiess auf‹ und ›Spiess ab‹ seind gantz wintzig geworden und habens in die Hosen geschissen vor lauter Angst.

Hab natürlich selber auch Angst gehabt und wars mein Glück, dass auch der Zossen voller Angst gewest, und so seind wir beide wunderbar gerettet worden, wovon ich im nächsten Capitel will erzählen.

## Das vierzehnt Capitel

*Wo ich den Beppo hab gefunden und*
*die Schanett wiedergefunden,*
*bin von ihr gepfleget worden*
*und wir mitnand gar fröhlich Sprachen gelernet.*

Müsst nun wohl auch ein Wörthlein zum Lobpreyse des Zossen sagen, welcher mich am Abend vom Schlachtfelde hinweggeführet, da noch die Blessirten gottserbärmlich umb Hülffe schrien, und ist schnaubend mit mir davongerennet, da ich selber keine Richtung mehr gewusst hett und wol geradenwegs dem erbärmlichen Söldnerhauffen, so uns attaquiret hatt, wär wieder in die Arme geloffen. Doch hatt der Zossen wol gespüret, wo die frantzösischen Rösser sich hingewendet und hab ihm darinnen auch vertrauet und die Zügel gelassen. Denn im selbigen Spürsinn war er der menschlichen Creathur überlegen und ist ihr nur darin gleich gewest, dass er in der Bataille die nämliche Angst gehabt.

Vielleicht, so denck ich mitunter, seind die Viecher überhaupt dem Menschen in gar vielen Dingen verwandt und wie selbige dorten am widerlichsten, wo sie dem Menschen seind vorgesetzt. Und zu Vorgesetzten werden sie gemachet, wenn ihnen der Reutter das Fell streichen und den Bauch waschen muss und sie auffzäumet und sich drauff setzet. Solches alles machet sie dann stoltz und widerwärtig wie viele zweybeinige Creathur auch, wenn sie über andre gestellet wird. Dann möchten sich solche auch den Bauch streicheln und wol gar in den Hintern kriechen lassen.

Da nun der Zossen auch schon ein wenig teutsch verstanden und gewusst, dass er eigentlich ein Pferd und nit ein Schwall gewest, hab ich freundlich mit ihm gesprochen, und hat er sich gnädiglich gezeigt und mich nit abergehaut. Hab ihm sogar das Geschichtlein erzählet, wie ich die Marthe geehelicht und seine sechs Collegen von der Schimmelzunfft mich immer zwischen St. Johannis und dem Dörfflein Lichtenaue hin- und herkutschiret, und hab müssen lachen dabey und er hat gewiehert, was auch wie Lachen geklungen.

Und da wir so einsam mitsammen getrabet, und ist das Land sehr ohnwirthlich geworden mit Felsgestein und auffwärts gangen in ein Gebürg, von welchem ich zuvor nit gewusst, hab ich bey mir gar bitterlich mein Los beklaget, dass ich nun hier reit in einer frembden Einsamkeyt, und rinnet mirs Bluth am Bein hinunter, wiewol ichs Hembd ausgezogen und herumbgewicklet, und hett daheym als Gerbermeister mein guths Auskommen gehabt und die Freud an den Kindern und denen Cumpanen im Güldenen Leuen. Hab aber auch Gott gepriesen, dass ich Marthen ohn Noth wusst, dass sie ein guths Erbe und des Vaters Haus gehabt. Und war sie auch von so kräfftigem Gemüthe, dass sie die Buben und Maidlein würd alleinig im Zaume halten.

So seind wir Stund umb Stund gangen, der Zossen und ich, und müssen uns wol gen Mittag gewendet haben, wie ichs an den Sternen abgelesen. Da beginnet mein Ross in später Nacht zu schnauben und zerret unruhig am Zügel, dass ich schon wieder befürcht, es will mich siechen Mann auff die Erd schleudern, als ich ein Gebimmel hör, das recht sanfft klinget. Und seh ich im Lichte des Monds, welcher fast voll gewest, dass da ein Männlein sitzet und hat einen Esel bey sich. Schreyet das Männlein, als michs erblicket, umb Gnad und Pardon und hatten wir uns voreinander erschrocken. Ich steig ab, da ich ohnedies nit mehr sitzen kunnt, und frag:

»Was ist los, Männdel?«

Da barmet es und ringt die Händ, zeigt auf ein niedergebrannt armselig Häuslein, das hinter ihm gewest, und hatt

es von den durchreysenden Herren wol auch ein wenig teutsch gelernet, obwol es Italiäner gewest.
Sagt also:
»Casa caputt, donna caputt« — was in denen ihrer Sprach sagen will, dass sie ihm das Häuslein haben verbrennet unds Weib umbgebracht.
War schon ein recht armseliger Fretter, hat nur in einem Tüchlein was einbunden gehabt und eine grosse Flaschen neben sich — das ist all sein Habe gewest.
Deut er mitm Finger auff sich und sagt: »Beppo«, was sein christlicher Nam gewest, und deutt auff mich, woraus ich entnommen, dass er auch mein Namen hat wissen wollen. Sag also »Johannes«, weil der Bapist und Nepomuk wären wol zuviel geworden für sein Spatzenhirnlein, und saget er:
»Ah, Tschovanni« — und so heissent die Italiäner ihre Hänse.
Hab so wieder angefangen, ein andere Sprach zu lernen, und hab mich auch neben den Trauermann hingesetzet und siehet er dabey im Mondlicht, dass bey mirs Bluth rinnet übern Pantzer. Machet er wieder ein Geschrey, bindt mir das Eysen ab, dröselt sein Päcklein auff, daraus ein weysser Ziegenkäs gekommen, und schlinget mir mit viel Kunstfertigkeit das Tuch umb die Wunde, welche von den Käsekrümlein ein wenig hatt gebrannt. Haben hernachen vom selbigen Käs gegessen und den Wein getruncken, so er in der Flaschen gehabt und welcher ist dünn und gar sauer gewest. Dann deut er mir, dass er will mitkommen, wenn ich weiterreit.
Hab nichts dawider gehabt und nur gemeynt, müsst zuvor ein wenig schlafen, und hat ers verstanden, da ich nachgemacht, wie einer schnarchet. Haben wir uns also hingelegt und seind eng aneinandergerücket, da die Nacht da heroben sehr kalt geworden, und den Zossen hatt ich zuvor neben seinen Esel an den Baum bunden und seind auch die Creathuren von verschiedener Arth vernünfftig und

friedsam gewest, wies die Menschen nur selten sein mögen. Ist mein Schlaf nur gestöret worden, da die scharff Käsekrümlein in der Wunden gebrannt. Denck aber, ist guth so, wirds umbso eher heilen. War aber nit so und hab Schmertzen gekriegt, als wir beide auf unser Gethier gestiegen und bei Sonnenauffgang losgeritten. Waren wol ein merckwürdigs Gespann. Ich auf dem hohen Zossen, klappern mit meinem Kriegspantzer, und das dünn klein Männlein auf seinem dünn grauen Eslein, welches manchmal erbärmlich geschrien, als wollt sichs mit seinem Gethön Respeckt schaffen vor dem grossen Cameraden. Seind vom Gebürg wieder herunterkommen, und hat wieder der guth süsse italiänische Blüthenwind mittagher zu wehen angefangen und haben in ein Thal hinabgesehen, welches ist wie das biblische Land gewest, da Milch und Honig fliesset.

Wars auch guth, dass ich meinen kleinen Beppo gehabt, denn da wir hinunterkamen ins liebliche Thal, ist er zu Bauren gangen und hat mit ihnen geredt. Die haben ihm erzählet, wohin sich die frantzösischen Reutter des Königs Frantz gewendet, und haben ihm Trauben mitgeben von wunderbarem Duffte und Stücklein von Speck und weyssem Brothe. Da haben wir ein gross Schmaussen begonnen, und war auch Habern da für den Zossen und ein Fressen fürs Eslein, dass wir uns alle vier hernach voll Wolwollen betrachtet.

Hatt schon vermeynet, dass mein Trauermännlein nunmehr würd zurückbleiben und sich bei denen Bauren verdingen. Doch hat er den Kopff geschüttelt und gesagt, er wollt Soldat werden. Die Bauren würden nur immer kaputtgemacht und ihnen ihr Sach weggenommen im Krieg. Und hat solches wie ›Querra‹* gesprochen. Jetzt möcht er selber zu denen, so kaputtmachen und wegnehmen. Da ich nun alth bin, wo ich solches schreib, mein ich, dass es das Motif von den meisten ist, so unters Kriegsvolck zu ge-

* *Guerra, italienisch = Krieg.*

hen: ›Hau den andern, auff dass er dich nit hauet. Stiehl ihm seins, dass er dir deins nit stiehlet‹. Klinget aber solches gar nit nach dem Evangelium.

Hat noch einen Tag und eine Nacht des Reytens geben, bis wir Meerlufft athmeten und ich in der Ferne ein wunderbars Blau gesehen wie dereinst vor Venezia. Hat aber hier die Meerstatt Ravenna geheyssen, welche wieder über alles Vorstellen alth und grossarthig gewest, und hat mein Beppo nur immers Kreutz geschlagen, da überall Kirchen und Bildstöck seind gewest und ein riesenhaffter Dom mitten im Felde. Seind auch dort hinein, umb eine Dancksagung zu machen, dass uns der HERR ohn Fährniss an Leib und Leben bis hierhergebracht. Hab nie zuvor soviel gläntzend Gold in einer Kirche gesehen als allda. Seind wunderbar riesengrosse Bilder gewest vom Heyland und von Lämmlein und grüne Bäum und alls aus wintzigen Steinlein zu Bildern zusammengefüget, so gegläntzet und geglitzert und waren wie eben neu gemachet.*

Haben danach auch das Lager gefunden, das hier in einem lieblichen Gehöltze gelegen, voll der Vogelstimmen und anmuthigen Wässerlein und althen Kiefern mit breiten Ästen, welche der Beppo ›Pinjen‹ geheissen, und wie wir solche bey uns in der Heymath kaum haben**. Nur ein paar Kieferlein auff dem Kesselberge, wo ich einstens mit Marthen gar lustig Beerlein gepflücket.

Gabs ein Auffsehn im Lager, wie ichs mir hett niemahlen erwartet. Hat mich der Posten sogleich wieder zu einem Obristen geführet, den die Frantzosen Colonell genannt und hab wieder die Furcht gekriegt, sie würden mich an einem der Pinjenbäum auffknüpffen. Muss aber wol wieder eine Heldenthat begangen haben, denn selbiger Colonell hauet mir auff die Schulter, dass das Eysen und Blech geklappert, und schwadroniret viel, wovon ich kein Worth

* *Vermutlich San Apollinare in Classe nahe Ravenna.*
** *Offenbar die heutige ›Pineta Dante‹.*

verstanden. Jetzo weyss ich als alther Mensch und Soldat, dass er mich gewiss höchlichst gelobet, da ich mich wieder zur Truppen durchgeschlagen, und das vertrücknet Bluth am Pantzer hatt ihm wol auch von meinen Blessuren erzählt.

Und als auch der kleine Beppo sein Sprüchlein gesagt — er hat einige Bröcklein Frantzösisch gewusst als Opffer eines kriegerischen Frembdenverkehrs —, ist der colonellische Oberst schier gehüpffet vor Freuden, da nun sein dezimiret Regiment sich wieder umb zwey Mann verstärcket. Holet auch aus einer Geldkatzen drey güldene Dukaten mit dem Bilde seines französischen Königs und drückts mir in die Hand, eh ich mit dem Beppo davongeh.

Und da solches gewiss das Werbegeld für mein Italiänerlein gewest, hab ichs dem sogleich weitergeschencket. Und hat der einen Hüpffer vor Freuden than und mir einen Schmatz auf die Backen geben, wozu er freylich erst hat auffn Esel steigen müssen. Ist der Beppo auch sogleich als Cürassir verkleidet worden und wars nit leicht, da er so mit Mühen oben herausgeschaut wie ein blintzelnd Maulwürfflein ausm Loche.

Ist aber eins der ersten Menschlein, dem ich begegnet, das Büblein von der Schanett gewest. Jauchtzet auch sogleich, als es mich sieht und beginnt sein alths Spiel mit ›Schö‹ — ›tü‹ — ›ill‹ — ›ähl‹. War ich aber missmuthig, da mich mein Bein sehr geschmertzet und hab nit recht mitgethan. Da kömmt auch die Mutter herbey, welche ich so ohnwillentlich gekräncket, sieht mein Gesicht, welches sich vor Schmertzen verzerret, und entdeckts Bluth auff dem Beinpantzer und rufet Zeder und Mordio und haket mich unter und führet mich in ihr Zeltlein. Dort schickt sies Bübel hinaus, welches sehr neugierig geschaut, reysset mir behertzt den Pantzer und auch die Hosenbein herunter, und drunter ist die Wund gar nit schön gewest. Hat schier brandig ausgeschauet, da wol der Käs nit guth dafür war. So schleppt sie allerley Tiegel herbey und schmiret Salben und

Mixturen drauff, welche den Schmertz gelindert, und ist mir auch ihr flincks Händlein auff meinem Leibe angenehm gewest.

Holet auch den Feldscher, mit welchem sie wies Wasser frantzösisch gesprochen, und hat solcher ein bedencklich Gesicht gezogen und mich sogleich ins Bett gethan. Ist aber das Bett der Schanett gewest, so sie mit ihrem Manne getheilet, welcher in einem Kampffe bei Mayland verblichen. Denn sie ist, wie ich allbereyts erfahren, nit ein Lagerhürlein gewest, sondern eines rechtschaffenen Caporals Eheweib und derzeitige Wittib, und war also auch das Söhnlein Schang aus einem legalen Bündnisse entsprungen.

Seind die Betten der Frantzosen aber sehr breit, sodass es kein Hinderniss gemacht hat, als wir nun selbdritt mussten darauff liegen und haben immers Büblein zwischen uns gehabt, dass uns kein Ohnkeuschheit kunnt zustossen. Wär zu einer solchen auch zu schwach gewest, da mich bald ein hefftig und andauernd Fieber verzehret, in welchem ich manchsmahl Fantasien hatt, auch wieder den Gelbgesichtigen sah, wie er mir unterm Porthal vom Heiligen Marco hämisch begegnet.

Wir mirs hernachen ist besser gangen, war die Schanett voller Freud und hat liebreich auff mich geblicket, ohne das Büblein zwischen uns wegzulassen. Sie hat ein wenig geschieglet mit den Augen, doch da selbige schwartz gewest wie Tollkirschen, hetts wol auch mit dem Schieglen einen Mann toll machen können, sintemahlen er zum wenigsten immer ein Äuglein auff sich gerichtet fühlt.

Seind guthe Cameraden worden selbdritt und haben, als ich zu genesen anhub, das althe Spiel weitergeführet, welches einst das Büblein Schang begonnen, und haben Sprachen gelernet. Doch war ich hierinn nit so sehr begabt und bin übers ›Schö‹ — ›tü‹ — ›ill‹ — ›ähl‹ und das ›märd‹ welches für einen Krieger in jeder Sprach wichtig ist, nit weit hinauskommen. Doch hat sie umbso fester teutsch gelernet und hats gar drollig gesprochen. Nennete mich zum

Exempel »Scho-ann«, wiewol ich in ihrer Sprach wär ein Schang gewesen wie ihr Bübel und wir also ein curios johannisch Dreygestirn hetten gebildet. Meine Hosen nannt sie ›ohs‹, den Bart wiederumb frantzösisch ›Barbe‹, nit wissend, dass so ein Fisch heisst, und das ›Ohr‹ — ein ›Hor‹, wobey sie das mühsam ›H‹ hat dahin gesetzet, wo mans gar nit gebraucht. Darob gabs immer viel Lachen und Schertzen.

Als der Feldscher gemeynet, dass ich wieder gantz gesund und dienstfähig gewest, haben wir solches mit Weyn und vielerley guthen Dingen gefeiert, als da seind Trüffeln und Pastheten, welche die Schanett aus den Vorräthen der Officirs gestohlen und herbeigeschleppet. Und da sie mich gefraget, wie weit solche Dienstfähigkeit wol ging, hab ichs Bübel weggeschickt. Und haben mitnand etwas gethan, wozu es keines Übersetzens bedarf. Ist auff ihre frantzösische Weys sehr hübsch und lieblich gewest und hat sie mir meyne Gesundheit mit Freuden bestetigt.

An einem Tage, da in dem ambrosischen Hayn, in welchem unser Lager gewest, zum erstenmahle die Nachtigallen geschrien, bracht die Schanett aus der Statt Ravenna ein eigens Bettlein für den Buben mit. Meinet, der wär dafür nunmehro gross genug. Hab ihre mütterliche Fürsorg sehr gelobet und bin gantz bey ihr wohnen blieben.

# Das fünfzehnt Capitel

*Meine gar glückhaffte Zeyt als Lallemang*,*
*wie ich dabei fast ersoffen*
*und nachher einem wolthu, dem ich hab wehthun wollen.*

So wär denn dies vielleicht mein glückhaffteste Zeyt geworden, so ich noch mein Bärblein hett bei mir gehabt. Ist zwar auch die schieglete Wittib gar süss gewest, doch begehret der Mensch am innigsten dasjenige, was er einst besessen und nit mehr haben kann. Hab davon auf der Universitet zu Padua etzlichs gehört und wird solches Philosophia genennt, wiewols eine grosse Tumbheit ist.
Im frantzösischen Lager habens mich ›Lallemang‹ genennt, was bey denen soviel als Teutscher heysset, und war ihnen recht wolgelitten. Haben wol auch ihre Schertz gemachet, wenn ich bin herumbgegangen und ist neben mir gehüpfft der kleine Beppo, der so mit vieler Müh aus seinem Blech herausgeschauet, und neben dem wieder eine Hälfft von ihm, der noch kleiner Schang, das Bübel meiner angenehmen Wittib Schanett.
Seind wir drey rechte Freund und Cameraden worden und haben mitnand im zweyten Jahr unsers Lagers den heyssesten Sommer erlebt, den ich je kennengelernt. Ist alls Gras dazumahlen braun worden, und die Vöglein todt vom Himmel gefallen von der Hitzen. Drumb seind wir offt ans Meer geritten. Ich hatt das Büblein vor mir auf dem Zossen, welcher recht voll Missmuth getrabet, und daneben ists wintzig Eselchen vom Beppo geloffen, welches die Hitz wol nit gespüret, da es munter liess sein Trompethlein erschallen.

* *L'Allemand, französisch = der Deutsche.*

Haben das Viehzeug anbunden an ein Pfahl, woran auch die Fischer ihre Boot gebunden, haben uns nackend ausgezogen und seind geschwommen. Hab aber nur ich schwimmen können vom Kastenteiche daheym und habs dem kleinen Schang beygebracht, dass er bald auch wie ein Rättlein geschwommen und untergetaucht, und ist so flinck gewest, dass er sich manchen Fisch gegriffen, so wir hernach im Sande geröstet, welcher ist schier glühend worden.

Nur mein Freund Beppo hat gar nit mögen schwimmen lernen, da er aus dem Gebürg stammte und sich vor dem Meer gefürcht, das so riesengross und einsam gewest. So haben wir ihn zwischen uns genommen und schwimmend auf Händen getragen, was ihn gar köstlich erlustirete. Ist uns dabey aber ein Missgeschick passiret, welches leicht unser seeligs End hett herbeyführen können. Waren eins Tags viel Wellen auf dem Meer, so uns gar köstlich gekühlet, und wir nehmen wieder unser Italiänerlein zwischen uns und schwimmen ausser. Seind ohnmässig vergnügt gewest, und singt jeder seins vor sich hin: ich mein Pfannenflickerlied, mein Beppo macht gantz hohe Thön mit »Amore« und weiss nit was, und das Büblein singt etwas Frantzösischs, was es von seinem Mütterlein gelernt. Vielleicht ists sogar anständig gewest.

Da wir uns so recht närrisch gebärdeten, verspür ich plötzlich, dass uns das Wasser ziehet, wie ichs freylich vom Kastenteiche daheym nit hab gekennet. Mach also dem Bübel ein Zeichen, dass wir umbkehren sollten. Ist aber nit gangen, weil das Ströhmen so starck gewest, und ziehet und ziehet uns allweyl weiter hinaus. Nun hetten wol ich unds Büblein noch mögen zurückschwimmen, doch dann hetten wir den Beppo müssen fallen lassen und wär uns selbiger versoffen. So thu ich denn ein Gebethlein zum Himmel und gib auch dem Büblein Zeichen, dass wir müssen weiter hinaus auff dem gar ohngestümen Meer, welches allweyl grössere Wellen gemacht, und hat dem Beppo schreckliche Ängste eingejagt. Dacht sich der wol gar, wir wollten ihn drauss

ersäuffen und fänget an zu schreyn und stramplen, dass wir ihn schier nit mehr kunnten halten, und ist das frantzösisch Büblein sehr tapffer gewest, dass es ihn nit loslassen hat.
Da ich unsere Seelen schon verloren gegeben, ist da ein kleyne Sandinsel gewest, darauff wir uns gerettet. War kein Baum und Strauch dorten, nur ein paar armselige Gräslein. Da haben wir uns niedergelassen, und hab auch ich gar sehr schnauffen müssen vor Athemnoth. Doch warn wir vors erste gerettet und hoffeten, daß sich die Fluth bald würd legen. Ist aber stärcker geworden, und ist unser Italiänerlein niedergekniet und hat die Madonna angerufen, und hatt auch ich nie zuvor eine so grosse Welth gesehen, nur Himmel und Wasser rundumb, welche so blau geleuchtet, dass es den Augen hat wehegethan. Und ists Wasser weggeloffen dem Meere zu auch da die Sonn untergegangen und wir hetten müssen im Lager sein. Hat keine Möglichkeit geben, umb zurückzuschwimmen und haben also müssen auff dem Inselchen bleiben.
Nun ists aber sehr kühl worden in der Nacht, so dass wir drey Nackenden erbärmlich gefroren. Haben müssen eng zusammenrücken und hatten auch Hunger und Durst, welchen wir, bey allem Wasser herumb, nit konnten stillen, da ihm Saltz ist beygemischt gewest. Seind Mond und Stern am Himmel gestanden und haben auf den ohnegebärdigen Wogen geflimmret, und haben mich Hertzeleyd und Wehmuth überkommen, da ich nit wusst, ob wir jemahlen uns würden retten können, und hab ans Grab der lieben Eltern gedacht, darauf so friedsam die grünen Kräntz und Kreutz aus Hanff und Werg gelegen. Hab auch mein sündigs Begehren verfluchet, das mich dereinst ins Wirthshaus gethrieben und hat mich dem Baron Montsalvari in die Hände gespielet, welcher an alledem schuld gewest. Also hab ich ein rechts innigs Stossgebethlein gethan:
»Ach, lieber Herrgott, lass mir den Himmelhund noch einmahl übern Weg lauffen. Würd ihm alles heymzahlen, dass ers nimmer vergisset.«

Muss dann wol ein wenig geschlafen haben, denn als ich erwach, kömmt just die Sonne gülden und roth überm Meer herauff, und ich seh, das Wasser laufft jetzo dem Strande zu. Da hab ich die Zween andern voller Freuden gewecket, mein dürrs kleins Beppolein war schier erstarret, dass ich ihn erst muss warmreyben — und dann seind wir wieder ins Wasser, das noch gantz warm gewest, und haben nunmehro ohn alle Mühen das Land erreicht.
Hats aber nunmehr einen neuen Schrecken geben, da wir dorten weder unsere Kleider gefunden, noch ich meinen Zossen und der Beppo das Eslein. Hat der wieders Schreyen und Bethen und italiänisch Lamentirn angefangen, dass ichs nimmer kunnt ertragen und hab ihm eins aufs Maul geben. Denn ich wusst selber nit, was mir würd geschehen, wenn ich ohne den Zossen, welcher Eigenthum des frantzösischen Königs gewest, und ohne mein blecherne Masckerad heymkäm. Dem Büblein war sein Hembdlein und Höslein wol am leichtesten zu ersetzen. Und ist solches unser Hab und Guth wol gestohlen worden von Fischern des Landes, welche allsamt nit der Soldaten Freund gewest. So seind wir drey ohngleichen Nackenden die vielen Meilen Wegs zum Lager heym zu Fuss getrabet. Haben geschwitzet am glühenden Mittag, und seind die Bauren von den Feldern geflohen, da sie uns so haben dahergehen sehen und wol gemeint, das Jüngst Gericht sey auffgerufen worden und kämen schon die ersten armen Leiber aus den Grüfften.
Im ravennatischen Feldlager hats bey unserm Erscheynen einen grossen Tumulth geben, da wir zuerst durchs Weiberlager gemusst, und wiewol wir die Händ vor unsere Schönheit gehalten, erhub sich dorten ein Kreyschen und Juchtzen, dass der Hurenweibel musst einschreiten und die Fraunsleuth in die Zelthe treyben. Hat sich auchs Bübel schnell zu seiner Mutter vertrollt, und hats bei ihr die meisten Anständ geben, da ich ihr Kind in Gefahr gebracht und es umb sein Hembdlein und Höslein war gekommen.

Darumb und umb mich zu strafen hat sie den Buben für zween Wochen zu sich ins Bett genommen, und wiewol ich ihms Leben gerettet, hab ich mich auff seinem Kinderbettlein müssen knüllen. So hat mich denn eine Mutter ärger bestraft, als die militairischen Behörden.
Es ist nämlich mit dem kriegerischen Eigenthum nit einmahl so schlimm geworden, als wir befürchtet. Hatten sich der königliche Zossen und das Eslein von ihrem Pfahl losgerissen, da wir nit zurückkamen, und waren selbander alleyn ins Lager gethrabet, wo wir sie nun wiedergefunden zu des Beppo höchlichstem Entzücken. Auch an Uniform und Pantzer ist kein Mangel gewest, da es bey der Bataille im obern Italien soviel Verlust im Regimente hatt geben, dass viel an Wehr und Waffen übergeblieben. Mussten nur zur Straf der Beppo und ich ein Wochen lang die Scheysshäusel der Officirs ausräumen, welche sich alleyn so commoder Örthlichkeyten erfreueten, und wirs haben im Walde verrichten müssen.
Und seind von dorten nach erfolgter Buss sogleich in die Küchen und zur Bedienung der Herren Officirs versetzet worden, da man umb unsere Ohnkenntnis der frantzösischen Sprachen gewusst und solches bey denen fröhlichen Festen der hohen Herren zu schätzen verstund. Hat aber der Beppo durch mich immer mehr teutsch gelernet, was es mir erleichtert, ihn in Saal und Küchen zu dirigiren, wobey er mir immer höchlichst willfährig gewest.
Auff solche Weys ists zu einem curiosen Erlebnis kommen, welches mein innig Stossgebeth auff der Insel hatt bewürcken mögen. Hats da wieder einmahl ein Fest und Gelag gegeben, weyls geheissen, es kommet ein großmächtiger Herr aus Paris, ein Ambassadör oder was weyss ich, der sich Düttjabel* oder ähnlich nennet. Den Beppo und mich habens in weysse Hosen und weysse Schürtzen gethan und mussten die Haar recht pomadisiren, dass wir ausgesehen

* *Vermutlich du Diable, was entsprechen würde Herr von Teufel.*

wie herrschaftliche Köch und Lakain. In der Officirsküchen entstund ein gewaltig Brutzeln von Fisch, Wildbredt, Geflügel und vielerley Fleisch, von Suppen, Soos und Brühen aller Arth, welche wir mussten aufftragen im Zelthe des Commandeurs, das fast so gross gewest wie der grösste Dom zu Ravenna.*

Habens nun der Beppo und ich müssen serviren auff mächtig silbernen Platten und haben müssen die Finger recht spreitzen, wenn wirs vorgeleget, und auch beim Gehen ein wenig täntzlen, wie uns solches alles der Hurenweibel hatt beigebracht, welcher ein Mann von guthem Benehmen gewest, da er zu Paris ein öffentlichs Haus besessen.

Wie ich nun hinter den Mossjöh Düttjabel tret, seh ich, dass der ein gelbs Antlitz hat, stoss ihn ein wenig an, und wie er sich umwendt, erkenn ich ihn ohn jeden Zweiffel: ists der Montsalvari, der mich zu den Soldaten gelockt, damals kayserlich ausstaffiret gewest, wiewol er mich zu den Landsknechten gebracht, und jetzo sich ausgibt als von des frantzösischen Königs Gnaden. Musst also wol ein Agent oder Spion seyn, da er sich hett unter falschem Namen als ein Düttjabel eingeschlichen. Sag drumb nit sehr laut, umb ihn zu überführen:

»Grüss Gott, Herr Baron Montsalvari! Wart Ihr wieder einmahl im Güldenen Leuen?«

Doch wiewol der bei dem Gottesgruss ein wenig zusammengezuckt, lässet er sich nit anmercken, dass ich ihn gemeynet oder dass er Teutsch verstehet und speyset und schwätzt mit seinem Nachbarn, welches der Colonell gewest, ohngeniret weiter. Nun, denck ich, da der Himmel mich erhört und mir dich Haluncken geschickt, werd ich dir schon noch eins auswischen diesen Abend. Schau auch immer zu ihm hin, wenn ich auff der andern Seiten musst serviren, doch schien ers nit zu bemercken. Er markirete den feynen Herrn mit Orden und Band und in lichtblauer

* *Eine zweifellos übertriebene Angabe.*

Seyden und conversirete und that feyn, als hett er niemahlen im Güldenen Leuen die abscheulichsten Späss gethrieben, deren keiner ihm säuisch genug geschienen.
Nun ist mein Augenblick kommen, da wir mussten einen Dessähr* aufftragen, der sich »früh allarähn«** genannt, und ist allerley Obst und Weyntrauben gewest, welche mit Schnaps*** begossen und anzündt worden. Das hat einen bläulichen Schein geben, zumal man die Kertzen im Zelth gelöschet, und hat den Herren Officirs in ihrem simplen Gemüthe viel Freud bereytet.
Wie ich nun mit solcher Feuersbrunst hinter den Düttjabel tret, thu ich, als müsst ich stolpren, kipp die Platten umb und geuss den ganzen Flath dem gewesenen Montsalvari in den Hals. Der Colonell hat geschrien, andere Officirs rufen nach Licht, und einer packt mich grob von hintt. Nur der Düttjabel geht nit in Flammen auf, wie ich denck, sondern schüttelt sich, schnurrt ein wenig wie ein Kather, so er höchste Wolbehagen empfindt, und tupft kleine Feuerrestlein auf seinem Halskragen mit einem Seydentüchlein weg. Als der Colonell mich hat arrestirn lassen wollen, wehrts selbiger Düttjabel ab, und ists Fest weitergangen, als ob nichts wär geschehen. Ich aber hab gewusst, dass dieser kein Montsalvari und auch kein Düttjabel war, sondern Satanas, der oberste Höllteuffel, und dass ers auch gewest, welcher mir nach meiner Eheschliessung im Markusdome die Marthe samt Kindlein unter die Nasen gerieben.
Hab solches auch meiner angeliebten Wittib erzählt, als ich späth vom Gelage heimgekommen, und haben wir jeder drey Kreutzlein geschlagen, dass weder mir noch ihren Tollkirschenäuglein von ihm fürderhin irgendetwas passiret. Doch hats wenig geholfen, denn eben da ich mich mit der angenehmen frantzösischen Geographie beschäftiget†,

* *Dessert, französisch.*

** *Wohl ›Fruits à la reine‹, französisch = Früchte nach Königinart.*

*** *Wahrscheinlich Cognac.*

† *Wohl im übertragenen Sinne gemeint.*

ist ein Rumoren und Geschepper losgangen im Lager und hat die Trompeten Alarm geblasen, und ist all dies ohn Zweiffel auch des Düttjabel Werck gewest. Hab ich also müssen heraus und ins Blech schlüpffen und aufs Ohngewisse Abschied nehmen.

Hat mich die Schanett liebreich angeschauet, erst mit dem einen, hernach mit den andern Aug, und geflüstert »Adiöh«.

## Das sechzehnt Capitel

*Worinnen es vollends verrückt wird, da tapffre Truppen voreinander fliehen und aus einem Schwärtlein ein Wolff wird.*

Wer jemahlen einen Kriegsdienst hat auff sich nehmen müssen, weyss gleich mir, dass es kein abscheulicher Worth gibt als jenes, das ›Alarm‹ heysset. Blasts die Trompeten oder rufen sies im Lager, musst heraus aus des Traumgotts oder des Liebchens angenehmer Umschlingung, in das kalte Hembde und die Hosen fahrn und hinaus in eine ohnwirthliche Nacht ohn Mond und Stern, mit Regen und Wind. Setzest deine müden Glieder in Gang oder die vom Zossen, welcher sich auch grämt, dass er den Habernsack verlassen muss.

Habens die Caporals und Feldweibel besser, da sie ihren Zorn können herauslassen und sich warm machen durch Gebrüll und Geschrey auff die Untern, dass sie nit schnell genug wären, und thun, als hett der Feind sie schon hintt am Crawattel. Nur singen dürfens nit lassen, weyl ja durch solches der Feind könnt alarmiret werden. Saget dann der Söldner mit Recht: wenn mir der Feind schon feind ist, warumb soll nit auch er seine Wuth übern Alarm haben. Doch sag einer sowas Gescheits denen Herren Vorgesetzten!

So seind wir durch die sackfinstre Nacht ohn allen Lauth. Haben nur die Pantzer an unserm Leib gescheppert und haben aus Angst mit den Zähnen geklappret, und die Zossen haben geschnaubet und geprustet. Und gebrüllt haben nur die Feldweibel, dass wir nit still genug wären . . .

Und seind geritten gen Mittag, was wir erkannt, als die Sonn zu unsrer Lincken auffgegangen, und ist geflüstert

worden, es sey die grosse Statt Rom unser Ziel, da der heylig Vater wohnet. Mein Beppo, dem sie sein Eslein gelassen, da er doch von jedem hohen Rosse wär heruntergefallen, krieget einen ganz curiosen Glantz in die Augen, da sie Rom sagen, und er nennets Roma, und schwatzet zu mir hinauff — bei Tag haben wir wieder reden dürfen —, mehr wollt er nit vom Leben, als besagte Roma sehen und seelig verscheyden. Hab ihm aber gesagt, er sey ein zimpfferlich alte Jungffer und gäb schon noch andre Wonnen auch, nach denen sichs zu sterben lohnet. Doch wollt er solches nit hören und bekreutzete sich, als sey ich der Satanas. Seind vier Täg und Nächt geritten und ist uns der Arsch wund worden. Haben viel Menschen gesehen, jedoch auch Bauren, so auff den Feldern gearbeitet. Seind über ohnwirthlichs Gebürg geritten, wie solches, da ich dem Beppo das erste Mahl begegnet, und in Thäler von großer Lieblichkeit und durch weite Strecken der Ödniss und der Sümpff. Was wir nit gesehen, war ein Feind, weshalb denn auch die frantzösischen Reutter gemurrt haben und wol gemeynet, dass es nur eine List der Officirs gewest, derweylen sie ihre Leutt nit länger auff der faulen Haut, welches doch die allerangenehmst ist, haben wollen liegen lassen, sondern zu ihrer Seelen Heyl in Bewegung halten.
Am fünften Tag ist da ein grosser Fluss gewest. Hat Tiber geheyssen und war nit viel Wasser drin, weil der lang heysse Sommer ihn hatt ausgetrücknet. Und da der Commandeur Späher ausgeschickt, kommen solche zurück und sagen, am andern Ufer ist der Feind. Erzählet mir der Beppo, es seyen drüben teutsche Landsknecht, die roth und grüne Wämser haben.
Schrey ich auff:
»Beppo, es seind die Meinen. Die Mansfeldischen, die unsre Reutter vor Venedig geschlagen. Ist dabey auch mein liebs treus Weib.«
»Denck, das ist die Schanett, so uns mit dem Trosse nachfolget?« antwort der Beppo, da ers nit besser gewusst.

»Ach«, rief ich und bin gantz auffgeregt, »die Schanett ist bloss die Wittib, welche ich hab trösten müssen. Doch die Barbara bey denen Landsknecht drüben ist mein ehlich angetrautes Weib, will sagen, eins von denen angetrauten ...«

Da hat er wieders Kreutz geschlagen, als sey ich der Düttjabel und nit der redlich teutsche Landsknecht Schwärtlein.

Nun ists aber so gewest, dass unser Colonell hatt lang nit mehr eine Nachricht bekommen von seinem König in Paris und nit recht gewusst, mit wem selbiger zu eben der Zeit alliiret gewest, und hatt Furcht, dass er einen als Feind angreifet, welcher vielleicht gar kein Feind mehr war. Auch war ihm im wollebigen Italia just gar nit so nach Bluth und Gloria zumuthe, sondern wär viel lieber noch weiter gen Mittag gezogen, wo es geheissen, dass dorten wären die Oranschen noch grösser und die Trauben noch süsser, und die Berg und die Weiber ohnbeschreyblich feurig. Hat also drey Reutter mit einem weyssen Fähnlein zu den Teutschen hinübergesandt, und da bei denen der Commandeur eben auch nit bluthgierig gewest und von dem frantzösischen Reuttern schon ein Mahl böse Schläg bekommen, macheten sie einen Waffenstillstand, ehe denn überhaupt die Waffen in Bewegung gerathen.

Ist mir solchs lieb gewest, da ich schon den schrecklichen Moment meinete vorherzusehen, da die schweren Mörser, so eben an diesem Tage waren nachgezocklet, auff das ohnschuldige Haupt meines Kindes, welches schon längst hatt geboren seyn müssen, gerichtet würden. Und ist mein Sehnen nach diesem Kinde und seiner Mutter, zu welcher ich sie gemachet, so übermächtig worden, dass ichs schier nit länger hab aushalten mögen. Hett auch die Barbara gern inspitziret, ob noch all die lieben Ding an ihr vorhanden wären.

So hab ich mich in der nächsten Nacht ausm Lager geschlichen, wo alle tieff geschlafen, da sie gewusst, dass sie Gottlob eben keinen Feind hetten. Bin an den Tiberfluss und werff allda meinen Pantzer ab und bin nur in Hembd und Unterhosen blieben, damit ich durchs Wasser käm, das zwar bloss aus Rinnsalen bestund, doch in seiner Mitten noch ein Schwimmen mocht nothwendig machen. Ist auch also gewest, und war ich mitten im Flusse, als ichs hinter mir platschen hör und dazu schnauben. Aha, denck ich, jetzt habens dich! Befehl meine Seel dem HERRN und kriegs im Lauffen und Schwimmen mit der Eyl.

Da vernehm ich ein Rufen und ein vertrauts Stimmlein, dass ich mich umwend, und wars der Beppo auff seinem Eslein, der mir nachgefolget. Hab ich einen Riesenzorn bekommen und schrey das Italiänerlein an, dass es sich sollt zum Teuffel scheren; denn ich wollt zum Feind hinüber, und wenn sie ihn dorten erwischeten, würden sie ihn gewiss zu Mus hauen.

Da saget mein Beppo tapffer:

»Wo du hingehst, will ich auch hingehen, und fürcht nit die Gefahr.«

Solches rührete mich aber so, dass ich guthmütig antwort:

»Also komm mit. Werden dir schon die Seel zum Arschloch hinaus entweichen lassen.«

Drob ist er sehr glücklich gewest, und wir seind nun zusammen dem teutschen Lager zu, als ist just die Dämmerung gekommen. Und da ist etwas geschehen, was ich nit eincalculirete. Müssen uns die drüberen Feldwachen ausgemacht haben und in dem ohngewissen Nebellichte mich und den Beppo mitm Eslein für eine gewaltige Vormacht gehalten, welche den Waffenstillstand als Kriegslist missbrauchet — auff ein Mahl hör ichs Alarm blasen, welches Signal ich noch vom letztenmahl ärgerlich guth gekennet, und entsteht ein Rumoren, Gepolter und Durcheinand, wie ichs eben noch bey denen frantzösischen Reuttern erlebet.

Ist aber den Teutschen ein noch grössere Erfahrung in Rückzügen eigen gewest, als denen Söldnern des frantzösischen Königs, und war das Lager in einem Hui in Bewegung, und seinds davon gestoben im Laufschritt und rollete der Tross, dass eine mächtige Staubwolcken über dem Heerbann gestanden und ich und der Beppo mitm Eslein Mühe gehabt, die Mansfeldischen noch im Blick zu behalten, sintemahlen wir ohne Nachtschlaf gewesen.

Wers nit gesehen, hetts nit glauben mögen, wie da ein tapfferer Hauffen von zween Männlein und einem Esel davongeloffen, und ist der Abstand dazwischen immer grösser geworden. Und da erblickete ich etwas, das mir Hoffnung gegeben. Vom Trosse der teutschen Landsknecht ist ein Wagen zurückgeblieben und langsamer worden, und da wir unsere Kräfft gesteigert im Nachrennen, entdeckt ich bald, dass ihm ein Rad eyret, und kenn auch den Planwagen wieder, und ists derselbige gewest, welchem schon ein Mahl ein Rad geeyret, und hab dadurch mein lieblich Bärbelchen kennengelernt.

»Wir haben Glück!« schrey ich also dem Beppo zu, dessen Eselchen so geloffen, dass man schier die Beyne nit mehr gesehen*. »Da fährt mein liebs Weib und werden gleich bei ihr drinnen sein und böhmischen Sliwowize sauffen und Mordamteller fressen.«

Das hat nun meinen Beppo sonderlich gefreut, da er, ohngeachtet seiner Kleinheit, immer einen gar gewaltigen Appetit gehabt.

Meint schon der Barbara süss Gesichtlein hinter den Planen zu sehen, als wir die letzten Kräfft angespannet und den Marcketenderwagen überholet, wo ein wüster Kerl auff dem Bock gesessen und die Peitschen gegen mich schwinget.

»Halt« schrey ich, »bleib stehen, Camerad!«

»Bin nit dein Camerad«, brüllt der ander zurück, »bin ein Mansfeldischer teutscher Landsknecht, und du bist ein Schweinigel, dass du in Unterhosen herumblauffest.«

Das hatt ich schier vergessen, dass ich meinen Auffzug hett erklären müssen, war aber keine Zeyt dazu.

* *Lustige Übertreibung.*

»Bin auch ein redlicher Teutscher«, ruf ich zurück, während der Beppo aus Fürsicht hinterm Wagen getrabet, »bin mansfeldischer Caporal, und drinnen ist gewiss mein liebs Weib Barbara.«

»Ist eine Barbara drinnen«, schreyet der wüste Gesell wieder — wie hüpffete da mein Hertz! — »aber selbige ist mein Weib und heyss der Feldweibel Wolff.«

So hatt selbiger Wolff also mein süss ohnschuldigs Lämmlein geraubt, und mir ist elend worden, dass ich gemeint, ich müsst auf der Stell todt umbsincken, wenn da nit wär ein Geschrey im Wagen worden und brüllet ein Büblein: »Der Feind! Der Feind!«

Da ist der Wolff vom Bocke herab, rennet nach hintt und würd mein Italiänerlein in die Erd hineingeschlagen haben, wenn ich nit selbigem wär zu Hülf gekommen, und hats ein Getümmel gegeben, da auch die Barbara erwachet und hinter der Planen herausschaut, und haben ihr die Zossen hereingehangen wie zu Zeyten ihrer Mutter seelig.

»Mein Bub!« schrey ich, da ich des Kinds ansichtig werd, und der wilde Weibel brüllet zurück, das sey sein ehrlichs und ehelichs Kind, und er wollt mich sogleich fertigmachen. Da kreischet die Barbara zurück, das wollt sie lieber selber thun, da ich voreinst ihre mädchenhafft Ohnschuld hett missbrauchet und sie zu Willen gezwungen, und hat nit mehr wissen wollen, dass sie wider meine Meinung mich zur Eh veranlasst. Und haben mich die Zween in Stricke gebunden und in den Wagen geschmissen, wo ich ebendort gelegen, da ich einst auff meinem Hauptmann gesessen. Und seind ebenso verfahren mit dem ohnglücklichen Beppo, welcher sehr geweynet, und haben sein Eslein hinten an den Wagen bunden.

Danach nimmt der Ohnband von Wolff eine Trompeten und blaset auff dieser ein Signal, welches hat »Das Gantze halt!« geheyssen, und ist darauffhin der glorreiche Rückzug der Mansfeldischen ins Stehen gekommen und wurds ein Durcheinand wie beim Thurmbau zu Babel.

»Diesmahl gehts dir ohn Gnaden an den Kragen, Schwärtlein«, saget da die Barbara, die ich ohn jeden Rest von Lieblichkeit befand.
»Wirst am Galgen zur Hölle fahrn«, brüllet der Wolff, unds kleine Wölffchen, das eigentlich ein Schwärtlein gewest, freuete sich drob hertzlich.
Sah aber in diesem Momente zum ersten Mahl die Thürm und Kuppeln des hochgebauten heyligen Rom.

## Das siebzehnt Capitel

*Worinn es mir gar hundselend ergeht,*
*ich meinem ärgsten Feind wiederbegegnen muss*
*und als Verhaffteter werd nochmahls verhafftet.*

Da sich nun das Lager wieder beruhigt hatt von unserm Überfall, packete uns dieser widerwärige Wolff all beyde, mich und den Beppo, und schleppete uns zum Kleiderzelthe, da wir zween noch immer in Unterhosen gewest. War daselbst ein Weibel, dem die Pocken das Gesicht zerfressen, mit einem wilden Schnurrbarth, und schmiss selbiger uns die dreckigsten Lumpen hin, dass wir sie sollten anziehn. Hab ich auffbegehret und gesagt, dass ich bey den Mansfeldischen ein Caporal bin und ein Held und hett mir das letzte Mahl selber Wams und Hosen vom feinsten Stoffe aussuchen dürffen.

»Gut, dass es das letzte Mahl gewest«, sagt der Pockige, »solches gibts einmahl und kommt nit wieder.«

Da verlang ich, dass man mir zum Zeugen den Hauptmann ruf, auff welchen ich mich einst in der Stunde der Noth gesetzet, und welchen ich recht anschaulich beschrieben. Der Hauptmann sey todt, meinet der Widerling, und da ich ihn frag, ob ihn die Freuden des Weyns daniedergestrecket, grinset der ander und antwort:

»Der hat sich die Welth wollen von oben beschauen«, und machet mit den Fingern recht ohngehörige Anspielungen auff meines Vaters ehrsam Handwerck. »Haben ihn, als das letzte Treffen mit dem Feinde gewest, unter den Rökken der Marcketenderin gefunden, darunter ein tapfferer Soldat nur im Waffenstillstand seinen rechten Platz hat. So du dich auff ihn berufest, wirst schon einer seynsgleichen sein und es dir ähnlich ergehn.«

Da hats mir die Red verschlagen und ich hab die Fetzen angezogen, wie solches auch mein Beppolein gethan, und hab gedacht, dass es wol mein Verdienst gewest, wenns dem Hauptmann nit damals schon bey der alten Marcketenderin so ergangen. Schiens mir auch ein gar bös Zeichen, dass man jetzo auch schon von den Officirs Tapfferkeit verlangete.

Hab mich also von dem Saukerrl, dem Wolff, einer Rotten zutheilen lassen, darin das allergrösst Mistviech, so mir in allen Jahren meines Ehrendienstes untergekommen, hat die Leuth schickaniret, und wars bei ihm noch wie ein lieblich Christgeschenck, wenn er einen bloss ›hirngschissne Baurensau‹ genennet, da selbiger in seine Flüch und Ausbildung alles hineingemenget, was unterhalb vom Nabel sich in und ausser dem Leib befindt. Hat »Spiess auf — Spiess ab!« so schnell geschrien, dass es ohnmöglich war, zu folgen. Mussten uns hernach zur Straf im Kothe wältzen oder im Lauffschritt durch den glühenden Mittag traben, wobey wir ein Thüchlein mussten vorn Mund binden und drunter singen, dass Landsknechtsleben ein lustigs Leben und der Soldat ein freyer Mann sey*.

Und war solches alls am schlimmsten für mich, wenn der Wolff und die Barbara dabey mit Grinsen zugeschauet und das Bübel, welches mein Fleisch und Bluth gewest, voller Schadenfreud die Zungen wider mich gebläkt.

Da ich solches hab nit mehr aushalten können, sag ichs meinem lieben Beppo, welcher sehnsüchtig geweynt, wenn er an die grossen Zossen und den eysern Harnisch zurückgedacht, aus dem er einst wie ein Maulwürfflein herausgeschauet. Sag ihm auch, ich hett von einem althen Cameraden, den ich noch im Hauffen getroffen, erfahren, wo der Feldobriste wohnet, welcher vormahlen ja auch durch mei-

* *Offenbar war dieser Ausbilder eine Vorform des Himmelstoß, wobei man beachte, daß auch das Singen unter der Gasmaske von hier seine Tradition beziehen mag.*

ne Tapfferkeit sein Kreutz mit Brillianten hett verliehen bekommen. Er würd gewiss mir rechtschaffenem Caporal Genugthuung geben, dass ich wieder im alten Stand kunnt ein menschenwürdigs Leben führen und auch meinem Beppo zu solchem verhelffen. Ist mein Italiäner sehr gerührt gewest und verspricht, er würd immer alls für mich thun, so ich einmahl in Nöthen wär. Und hat solches bald halten müssen, da neues Ohnheyl sich über meinem Haupte geballt.

Wohnete der Feldobriste, zu dem ich mich heymlich auffgemacht, nit in der sumpffigen Ebene, darin der Tiber geflossen und es viel Mücken und Fieber gegeben, sondern droben in den Bergen, wo ein guth kühl Lüfftlein gewehet, und seind allda weysse Häuser gewest in Gärten voller Palmen und lieblicher Frücht. Bin eingetreten durch ein gülden Thor und seh von rückwärts ein Männlein auff einer Stufen sitzen, welches hatt ein schwartz Maidel auffm Schoss und hatt ihr unter die Röck gegriffen.

Ärgert mich solch ein unmilitairisch Benehmen vorm Haus meines Feldobristen, an welchen ich mich als einen gar leibsgewaltigen Mann erinnert, und ruf:

»He, du Saubär, fummel dem Maidel nit in seinem Inwendigsten herumb, sondern meld mich bey deinem Herrn.«

Redt also recht, als wär ich noch der Caporal, der ich einst gewest. Fahrt das Männlein herumb, und mein ich, es hauet mich in die Erden hinein und hab wollen fliehen — ists doch selbiger Feldobriste von den Frundsbergern gewest, mit dem ich im Frauenhaus zu Eger quergekommen und hatt mich dorten in den Kercker gelegt. Jetzo rennet er auff mich zu wie ein wepsiger Stier, beutelt mich am dünnen Wamse, dass es sogleich zerschlissen, und brüllt:

»Hab ich dich wieder, Hund! Diesmahl entgehst aber deinem Schicksal nit! Danck dem Himmel, dass du wenigstens das heylige Rom darffst von oben besehn, statt des böheimbschen Eger . . .«

Und redt noch soviel abschäulich ungebildet Zeug, dass ich

mich schier seiner geschämet, und auch selber gemeint, dass nun das End unter meines Vaters hülffreichen Producten für mich besser wär, als mit dem und seinem Teuffelsweibel druntt im Lager weiterzuleben. Bloss fällt mirs ein, als er einen Gewaffneten ruft, der im Park herumstoltzirt, dass ich dem Feldobristen flüster, würd dem Soldaten nit sagen, was ich eben von ihm und dem Maidel gesehen — und weswegen er auch die Wachen hett entfernet —, und würd auch fernerhin schweigen über unser Egerisch Begegnen, so er mir nochmahlen den Galgenstrick gnädiglich erliess. Und da selbiger, bey allen seinen Sauereyn, immer den Scheyn gewahret, dass er ein fromm gottesfürchtiger Mann gewest — weswegen er auch viel in der Kirchen hingeknieet, sich bekreutzigt und laut gesungen und gebethet, wies in der Truppen bekannt war — knurret er mich an: »Schweig!« und gibt dem Posten den Befehl, mich in den Kercker zu Rom zu bringen.
So bin ich durch die fromme Pfordten* ins heylige Rom hinein als ein Gefangener und meint, es könnt mir dorten im Verhafft nit schlimmer ergehn, als bei dem Weibel auf den campanischen Feldern**. Vielleicht hett auch dorten der Wärthel ein mehr oder minder hübschs Töchterlein, das mit geschmaltzenen Suppen, Eyern und frommen Bussübungen mir meine Kräfft bewahrete. Nur war mirs umb den Beppo leid, der mich nun wol vermissete und für immer verloren gäb und mir so nit kunnt helffen. Hab im Gedencken an ihn ein saltzigs Thränlein zerdrücket.
Ist aber der Posten, so mich begleitete, kein unguthe Creathur gewest, sondern saget:
»Camerad, nimms nit so schwer. Heunt triffts dich und morgen mich. Und der Feldobriste ist ein Saubär, von dem ich dir kunnt manch Stücklein erzählen, so ichs wollt.«
Hab dasselbe gedacht, aber geschwiegen. Freuete mich nur,

* *Porta Pia.*
** *Vermutlich Campagna.*

dass der wacker Landsknecht das gleiche von ihm gesagt, womit ich ihn selber angeredet. Meynt auch, der Herr Feldobriste sey doch wol einmahl bei den Frundsbergern als Obrist gewest, also kayserlich und ein Feind.

»Werden ihm wol die Mansfeldischen mehr gezahlt haben, dass er den Kayser verlassen«, saget der Posten, welcher ist so hübsch herausstaffiret gewest, wie ich in meinen venezianischen Glückszeiten. »Musst eben ein grosser Herr sein, Camerad, dann kommst nit mehr in die Versuchung des Desertirens, weyl immer derjenige dein Herr und Vaterland ist, dessen gülden Abbild du im Beuthel trägst.«

Hat mir der Bursch gefallen und frag ihn, ob wir nit einen sollten sauffen in Rom, ehe sich für mich das Kerckerthor vielleicht auf ewig zuthät. Hat er solches voll Erbarmnis gelthen lassen und seind wir eingekehret in einer Bottegen, die ist mitten auf der Gassen gewest, wie mans offt bei denen Italiänern sieht. Stelln sie einfach Tisch und Stühl hinaus, da dorten die Lufft ist angenehmer, und setzen sich die Gäst dorthin und sauffen und seind fröhlich.

Seind auch wir fröhlich geworden, da wir etzliche Krüglein vom Weyne aus den Albanischen Bergen* getruncken, welcher der süssest und schwerst von allen, so umb Rom gedeyhen. Ist ein mordsmässig Leben auf der Gassen gewest, und hat man da soviel Cardinäl im Purpur und Bischöff gesehen, als daheym Gevatter Schneider und Handschuhmacher. Und seind soviel zierliche Hürlein gestöckelt, wie ichs bisher auch noch nie gesehen, weder in Plawen noch in Brünn, und hett solches in der Heyligen Statt am wenigsten vermuthet. Saget mir aber der Landsknecht, welcher seinen Herrn hatt offt begleiten müssen, dass selbst aus teutschen Landen die Lustmaidlein nach Rom kämen, umb daselbst ihre Beutelchen zu füllen. Nur könnt bei denen bloss ein gar hoher weltlich oder geistliger Herr sein Vergnügen finden, niemahlen ein armer ehrlicher Landsknecht.

* *Natürlich Albanerberge.*

Da gedacht ich mit Seufftzen meines vormaligen Stands, da ich noch im geschlitzten und gepufften Gewande über den Platz des Marco stoltziret, den Stern auff der Brust und ein schöns Weib zur Seyten. Sagts auch dem Begleiter, wie ich so tieff gestürtzet und mirs bey allem nur leid wär umb meinen italiänischen Beppo, so nun nit wissen könnt, wo ich verblieben. Hat er mir wiederumb Trost gegeben und gesaget, dass er dem Beppo wollt heymlich Bescheid sagen, so er demnächstens ins Lager hinab käm, und haben wir auff unsere Freundschafft getruncken und mitsammen wacker das Pfanneflickerlied gesungen, welches er auch gekannt und wovon er mich noch schön neue Verslein gelehret.

Gehet da just ein gebeugt alths Herrlein in einer geistligen Kutten vorüber, und rühret ihn unser Anblick und Gesang dermassen, dass er sagt:

»Gott schütz euch, frumbe teutsche Landsknecht.«

Und seind wir so ergriffen gewest, dass uns eine wüste Sauerey im Halse stecken blieben. Haben aber danach erst gesoffen und randaliret, bis ein Gewaffneter vor uns hintritt und uns ein »Silenzio« zudonnert, was auf italiänisch soviel wie »Kusch« ist, und haben ihn auch für einen Italiäner gehalten.

Sag ihm also dawider:

»Halt dein Maul, wälscher Hurenbock«, und mein, er verstehts nit.

Ist aber jener ein Schweitzer gewest aus den Garden des Heyligen Vaters und hat ein Sprachen gesprochen, welche der teutschen ist in einigem verwandt gewest, sodass er auch meinen ohnfläthigen Schimpff verstanden. Brüllt mich an, dass er mich auff der Stell arrestiret und hett ihm stracks zu folgen. Nun war ich zwar schon bei meinem Teutschen in Verhafft, doch hat dieser sich gekuschet, auff dass er nit selber müsst dem grimmigen Schweitzer inn Kercker folgen. Hett vielleicht auch gedacht, da unterm Krummstab ein guths Leben ist, dass mirs in einem geistligen Verliesse kunnt freundlicher ergehen denn im weltlichen.

Und hat mich also ziehen lassen mit dem Schutzmanne des Heyligen Vaters, welcher aber, da er mich durch die Statt commandiret, dieses nit mit Segensprüchen und Gebethen gethan, sondern mit dem nämlichen Ohnflath wie irgendein Weibel bei der Unsrigen. Dacht schon bey mir: Werdens wol auch diese halten mit »Spiess auf!« und »Spiess ab!« und singen, dass das päpstlich Leben ein lustigs Leben und das freyest von der Welth.

Seind bald beim Wohnhaus vom Heyligen Vater vorbey, so sich Vattican nennet, was ich daran bemerckete, dass mein Schweitzer sich offt bekreutzte, wobey ihm sein Hellebarden hinderlich gewest, und kamen an ein grossmächtig düster Gebäude von runder Form, anzusehn gleichwie eine Festung.

»Dahinein kommst«, knurrt mich der Schweitzer an und stösst mich mit der Hellebarden in die Seiten, dass ich ja den rechten Eingang find.

Hat dieses Haus, worin mein Kercker gewest, Engelsburg geheyssen. Haben aber nit die Engel darinnen regiret.

## Das achtzehnt Capitel

*Wie ich aus der Höll in den Himmel komm
und ein päpstlich Weihnachtsmahl
in den Tiber gelanget.*

Wollt es wär dies noch einmahl das dreizehnt Kapitel, dass ichs nit müsst schreyben, weyl darinnen, gleichwie in der Schlacht bei Mester, ist wiederumb von einem thiefen Punkte meines Lebens zu berichten, und ist mir nur der althe Trost blieben, dass wenns Thiefste ist erreychet, es doch wieder muss auffwärts gehen. Auch solches hab ich, Gott sey Danck, wieder und wieder erlebt.

Wie höchst angenehm ist mir nun neben der Engelsburg mein bescheiden Kerckerlein im Schwartzen Thurm zu Eger erschienen, da mir dorten des Wärthels Tochter ist hold gewest und ich singen durfft »Es kommt der Herr gegangen«, wann immer ich gewollt, und hat mich der Caplan drob noch gerühmet.

In der Burg der Engel seind wol auch viele Caplän, doch auch Bischöff oder gar Cardinäl ein- und ausgegangen, da das obere Besitzthum dem Heyligen Vater gehörete und offt von den grossen frumben Herren visitiret und inspitziret worden, gleichwie von Festungscommandeuren des Himmels, sintemahlen der Heylige Vater auch seine Truppen da hatt und schwere Mörser, so es drauff ankäm, sein Heyligs Reich nit nur mit den Worten der Schrifft, sondern auch mit Feuer und Schwerth zu vertheidigen.

So seind von hier auch rauhe Commandos hinuntergedrungen in mein unterirdischs Reich, das ohn Licht und Lufft gewest, und darinnen der Himmel des süssen Italien keinen Eingang gefunden. War da nur ein finsterer Wärthel, der ohn Grüssgott und Leckmichimarsch* die Zellen betreten und mir den täglichen Frass gebracht. Ist aber nie ein Fleisch oder kräfftigs Süpplein gewest, sondern immer nur eine Polente**, welche die Italiäner aus Mais bereiten, so wir daheym zum Füttern der Hühner gebrauchen. Die heyligen Feiertäg, an welchen ist zu Eger auch dem Häfftling eine besser geschmaltzen Suppen gebracht worden, habens in denen römischen Kerckern zu Fasttäg declariret und uns nur Wasser und Broth gebracht, wovon meine menschlichen und männlichen Kräfft bald vollkommen darniedergelegen.

Wusst nit, wie ich solches würd lang aushalten, und krieget auch schon sonderbare Zuständ, da ich Englein sah unter der Decken schweben, was mir bislang noch nie zugestossen, und ist vielschwäntzig Gethier, gleich kleinen Teufflein, durch die Ecken gehuschet. Seind aber wol nur Ratzen gewest, und hab drumb bey mir die Engelsburg die Ratzenburg geheyssen, ohne dass solches sonderliche Linderung gebracht.

Hab auch keynen Calender mehr gewusst und merckete nur, daß drausst seind immer mehr Glocken geläutet worden, und war ein solchs Dröhnen, Klingen und Bimmlen in den Lüfften, dass die gantze hochheylige Statt der Christenheyt in ihren Grundvesten erzittert, und auch mein Ratzenloch in die grosse Melodia ward einbezogen. Nur in meinem Hertzen hats nit klingen wollen, und ist darinn immer düsterer worden, da ich in Sehnsüchten an mein kleins Neustättel zurückgedacht und es bitterlich beklagete, dass meiner Mutter Sohn in selbiger Zeit sollt elend verrecken, da daheym der Schnautz Schlechthaus in St. Johannis würd sein Christfestliedlein gar innig flöthen.

Und just der Tag, an dem ich zum Abscheyden völlig be-

* *Eine bis in die Barockzeit hinein gebräuchliche frivole Formel, heute noch in oberbayerischem Brauchtum nachklingend.*

** *Polenta, italienisch = breiförmiges Maisgericht.*

reyt war, ist der Heylig Abend gewest, und war bey mir dieselbe unheylige Nacht wie immer. Tritt da ein geistliger Herr mit einem runden Huthe und einer Kutten in mein Elendsloch und saget recht gesalbet:
»Dominus vobiscum.«
»Ist schon recht«, antwort ich, »bin eh am Sterben.«
Saget jener, von dem ich nur die Umriss schwach erkannt und ist nit sonderlich gross gewest:
»Dir wird Freyheit zutheil.«
»Ja, weyss schon. Im Himmel.«
Solche Sprüch kannt ich von meinem Caplan zu Eger.
»Nein, auff Erden, Frater«, saget das Priesterlein. »Sollst wieder dein Lust haben an fetten Braten und Weibsleuthen.«
Und als er solches gesagt, meint ich selbigen zu erkennen, als den, welcher mir schon soviel Ohngemach zugefüget, mich als Baron Montsalvari zu den Landsknechten verdingt und als Mossiöh Düttjabel meinen Abschied von der holden schiegleten Schannett bewürcket und mir sogar schon einmahl in geistliger Verkleidung unterm Domporthale zu Venedig erschienen. Da er mich nun auch noch in meiner Sterbstunde quälen wollt, packt mich der ohnheylige Zorn und nehm meine letzten Kräfft zusammen, die mir der heylige Orth gelassen, umb mich auff ihn zu stürtzen.
Da schreyet mein Priesterlein auff:
»Lass! Bin doch Beppo, dein Camerade.«
Und da er nun mit seiner natürlichen Stimm gesprochen, erkenn ich das Männdel würcklich als meinen gethreuen Italiäner und kriegs Heulen und Schluchtzen und schrey:
»Beppo, wie kommst hierher? Und in solchem Gewande?«
»Hab versprochen, dass ich werd immer bey dir sein, und halts jetzo auch.«
Dieweyl ich noch vermeynete, er wollt nun meine Hafft bis zum Thode theilen, erzählt mir das Italiänerlein, wie es mich ausgekundschafftet hett und an diesem heyligen Abend, da schon die Wachen und Wärthel allsamt besof-

fen gewest, hett Eingang ins Verliess gefunden, zumahl er geistlige Tracht getragen und, da er als Knabe bei der Heyligen Mess ministriret, auch allerley an lateinischen Formeln wüsst.
»Und wie willst wieder hinaus?« frag ich.
»Wie ich hereingekommen«, antwort der Beppo, »und mit dir.«
Da hat mich wieder das Elend übermannt, und ich sag: »Werden grad einen Häfftling ohn weiters lassen ziehen! Das krieget auch ein Caplan nit zusammen.«
»Wirst aber selber ein Caplan sein«, meynet der Beppo, und ziehet aus einem Packel, so er bey sich getragen, ein ander Kutten und einen runden Huth.
Zündt auch ein Talglicht an, holt ein Scheer hervor und fangt an, mir den Barth zu scheeren, welcher in dem Verliesse wild und krauss gewachsen. Danach nimmt er ein gross Badermetz* und schabet mir mühsam und mit viel Bluthverluste meinerseits das Kinn glatt wie einen Jungffernarsch.
»Wo hast nur all solchs Costüm und Geräth her, Beppo?« frag ich unter Stöhnen ob des Gemetzels.
»Habs ehrlich erstanden und mein Eslein dafür verkauffet«, gibt er mir zur Antworth.
Solches hat mich vollends überwältigt, da ich gewusst, wie der Beppo an seinem Thierlein gehangen, zumahlen es schier das letzte gewest, was er aus seinem vormahligen Leben besessen.
»Ach, Beppo«, sag ich, »wenn du ein Maidlein wärst, wüsst ich, was ich dir thät, dich zu erfreuen.«
»Würdst in deinem gegenwärthigen Zustande auch kein Maidlein erfreuen«, antwort der gethreue Italiäner und sagts mit Lächeln, wiewol ich auff meiner Hand gespüret, dass ihm heysse Thränen umbs Eselchen aus den Augen geloffen.

* *Badermetz, altertümlich = Friseurmesser, Rasiermesser.*

Da bin ich meiner Hinfälligkeit erst recht bewusst worden und hab meine Thränen mit den seinen vermischet*.
Wills kurtz machen und nur erzählen, dass wir ein Stund später als zween geistlige Herrn ohn Anständ die besoffenen Wachen vorm Thor der englischen Burg passiret, und hat mir die süsse Lufft der Freyheit bitter geschmeckt, da ich aus Schwächen getaumlet, mich aber sehr wol auch in diesem Zustande noch meines guthen Mütterleins erinnert, da es ihr innigster Wunsch gewest, mich in geistligem Gewande zu sehen. Nun ist solcher Wunsch erfüllet worden in der hochheyligen Statt Rom, wiewol mir alle Weihen und Berechtigung dazu hetten gefehlt. Hatt auch einen gantz unchristlich, schier heydnischen Hunger, welchen ich dem Beppo bekannt.
»Hab auch dafür gesorgt, Tschovanni« — so nennete er mich immer noch mitunter —, »sollst ein köstlichs Weihnachtsmahl haben.«
Und hett der Beppo ausgekundschaftet ein Haus, darinnen wurden arme italiänische Priesterstudenten auf des Heyligen Vaters Einladung und Kosten am selbigen Abend tracktiret. Hett sich dorten bereyts vorgestellet als ein arms Landpfarrerlein, welches wegen des schlechten Wetters könnt über die Feiertäg nit in sein Gebürg zurückkehren, darinnen es mächtig geschneibt**. Würd auch einen Freund mitbringen, welcher soeben durch einen Ohnfall die Sprach hett verloren und noch nit wieder bei Kräfften wär. So, hat mir der Beppo gesagt, würd sichs erklären lassen, dass ich nit reden kunnt, gar hinfällig vom Leybe sey, und auch die Blessuren vom Barbiren liessen sich also verständlich machen.
Als wir selbigs Haus betraten, wo man die Studenten gespeyset, hats darinnen gedufftet, dass ich wär beinah ohnmächtig worden und noch hinfälliger mag ausgesehen ha-

* *In jenem gefühlvollen Zeitalter durchaus glaubhaft.*
** *Alte Form für ›geschneit‹.*

ben, als ichs schon war. Drumb führete mich auch ein schwartzgelockter Bursch, mit welchem mein Beppo schon zuvor geredet, fürsorglich an einen Ehrenplatz am End der schönen Tafel, worauff viel Blumen und Kertzen gestanden. Musst mich manchmahlen ins Bein kneiffen, umb zu wissen, ob ich nit doch träumete oder schon wär gar verschieden und im Paradiese. Hab sogleich den Löffel in die Faust genommen und wart, dass die Fresserey beginnet.

Sagt aber erst einer von denen Studentlein »Oremus«*, und haben drauff was sehr langs gebethet. Denck aber, jetzo fangts an. Nein, haben erst noch gesungen mit sehr viel Verslein, und mein Beppo hat frumbe Augen gemacht und mit mancherley hohe Thön mitgesungen. Hab aber recht wol gemercket, dass er die Text von denen heyligen Weisen nit gekannt und nur lalalala gemachet. War aber die Singerey auch einmahl am End und denck wieder: Jetzo gehts los. Da fangen doch etzlich zu musitziren an mit Gamben, Flöth, Zümbal und Harpffen — aber seind keine Trummeln dabey gewest wie bey unsern Landsknechten. Alle haben sehr andächtige Gesichter gemachet, und nur mir ist der Speichel heruntergeloffen von der Gier, da ichs Gesottene und Gebrathene von der Kuchel her gerochen, und seind mir die Augen beynah herausgekuglet. Sagt der Gelockte zum Beppo, was dieser mir hernachen erzählet: dass ich müsst schier ein Heyliger seyn, da er solche Asskäse** in meinem Gesichte erblicket.

Endlich ist aber doch das heylig Fest in seine Rechte gethreten und habens Fressen auff des Heyligen Vaters Kosten angefangen: Hühner und gebrathene Gäns und Puther mit so vielen Soosen und Gewürtzen, wie ich solches nie zuvor erlebt. Und hab so unchristlich gefressen und gesoffen, wie nur ein verhungerter Landsknecht fressen mag, und dazu gerülpset wie ein Eber, dass mich der Beppo offt widers

* *Lateinisch = laßt uns beten.*
** *Natürlich Askese.*

Schienbein gethreten, dass ich mich sollt mässiger halten. Doch ist mir nunmehr alls gleich gewest, auch wenns mich wieder hetten in die Engelsburg geführet oder gar zum Hochgerichte.

Haben nachher abermahlen die schwartzen Brüderlein ihre frommen Danckgesäng herauslassen, und da ich vom Weyne bin voll und frohgemuth gewest, stimmete ich ein und hab nach der italiänischen Melodie mein teutschs Pfanneflickerlied gegrölet. Sagt der Gelockte zum Beppo, ich hett ja die Sprachen wiedergefunden. Und der Beppo meynt, das müsst ein Christfestwunder sein, das sich in der Heyligen Nacht begeben hett und wovor sie dem HERRN sollten dancken. Meynt das Studentlein, ich hett wol aus Versehn eine falsche Sprachen gefunden. Worauf mein armer Camerade, dem ich solche Ohngelegenheiten gemacht, selbigem erwidert, dass ich vormahlen eine teutsche Universitet hett besuchet, und mir davon solches wär geblieben und auch die frumben Lieder von denen Teutschen. Hett aber zum Glück keiner den schweynischen Text verstanden.

Ich hab aber jetzo hinaus müssen, da ich unter grossem Leibsdruck gestanden, und der Beppo geht mit mir auff die Gassen, wo der Tiber ist vorübergeloffen. Haben dahinein unsern schönen Weyn rinnen lassen, und hab auch die Gäns, Hühner und Puthen wieder von mir speiben müssen, weyls zu viel gewest nach meinem langen Fasten. Als alls draussen war, sag ich:

»Komm, Bruder, lass uns hinein und noch einmahl von vorn anfangen.«

Ist aber der Beppo sehr streng mit mir worden und saget, das hett ich mir alls verschertzet durch mein ohngezügelt Wesen. Und könnts uns all Zween an den Galgen bringen, da durch mein besoffen Gebahren unser Lug und Trug möcht auffkommen. Nennt mich gar im Zorn eine teutsche Wildsau, welche ich musst einstecken, da er in seiner Güthe mein Daseyn gerettet.

Haben uns daher noch in der heyligen Weihnacht müssen aus dem nit minder heyligen Rom entfernen und haben uns gen Mittag gewendet, da wir also nit in die Gefahr kämen, zwischen die Armeen zu gerathen, welche in der campanischen Ebene ihre Läger hielten.
Umb Mitternacht sind noch einmahl alle Glocken von Rom losgebrochen und haben uns auf unserm Wege nachgedröhnet. Half aber auch dieses nit wider meinen gräulichen Hunger.

*Darinn ein Landsknecht einen Landsknecht absolvirt, und wie wir einen Esel viermahl geschlachtet, ehe er zu Wurst gemachet worden.*

Ist also der heylig erste Christfeyertag gewest, so uns auff dem Wege gen Napel* gesehen, das mittäglich von Rom gelegen. War aber meinem kleinen Beppo das Marschirn ein Graus, da er kurtze Beyn gehabt und zween Schritte that, da ich bloss einen machen musst. Seufftzete also gar sehr umb sein Eslein, das er in derer Gegend einer Bäurin hett verkaufft.

»Holen wirs uns doch wieder«, sag ich, und mein Italiäner spitzet die Ohren, wie vormahlen sein Grauthierlein, da ihm ein solcher Plan höchlichst gefallen.

Reden also im Gehen hin und her — ist ein angenehmer, schier milder Tag gewest mit einer tüchtigen Sonn —, und haben wir beschlossen, dass ich sollt zu derer Bäurin gehn und als teutscher Pilgersmann mit Worth und Wercken ihr Mitleid erwecken, bis selbige mir gefügig sey und derweilen der Beppo kunnt sein Eslein zurückstehlen.

Hab manche Bedencken vorgebracht, sintemahlen mir das Fehlen der italiänischen Sprach Ohnsicherheyt hett bereyten mögen, doch nahm mich mein Mitcaplan bey meiner Mannesehr und saget, ein rechter Mann müsst solches auch ohne Worthe können. Und hat mich dermassen würcklich bei der Ehr gepacket, dass ich versprochen, ich wollts versuchen. Nur müsst ich vorher kräfftig speysen, denn so mir in dieser Sach die Kräfft fehleten, würd mir auch die Ehr nit viel nützen.

* *Neapel.*

Ist wieder dem Beppo ein Gedancke gekommen, wie wir denn überhaupt in dieser Zeyt einander immer aufs trefflichste ergäntzet, als zween rechte Confratres.
Seind demnach zum Pfarrherrn im nächsten Dörfleyn, umb ihn als Pilger, mit einem noch gar frischen Segen des Heyligen Vaters ausstaffiret, umb ein christlich karges Mahl zu bitten. Ahneten schon, dass zur Weihnacht nit viel an Kargem im Haus eines Geistligen vorhanden wär, und da der unsre ein wohllebigs Herrlein mit einer runden Wampen und kleinen Schweynsäuglein gewest, seind wir dort gar wol bedienet worden. Hat mich der Beppo auch wieder als stummen Teutschen vorgestellet, da er befürchtete, der Pfarrherr könnt mich auffs Lateyn examinieren, so ich Italiänisch nit verstünd. Und hat mir verboten, auch nur ein Tröpfflein zu trincken, auff dass ich nit wieder ein köstlichs Mahl von mir speiben müsst und krafftlos wär bey dem Weibe mit dem Esel.
So bin ich bey selbiger geistliger Fresserey recht zwischen Himmel und Höll worden hin- und hergerissen, da die Karpffen und Fasanen, so des Pfarrherrn Köchin uns bereytete, seind über alle Begriffe wohlschmeckend gewest. Doch hab ich dazu nur Wasser sauffen dürffen, welches ein wenig nach Schwefel geschmecket, und musst zusehen, wie der Schurck, der Beppo, mit dem Pfarrherrn wacker poculiret und sie einander Bescheid gethan und haben ihre Augen immer mehr gegläntzet.
Habs schliesslich nimmer ausgehalten, und eh mir aus schierer Verzweifflung die Sprach ausgebrochen wär, hab ich dem Beppo auffs Glas mit dem rothen Weyne gezeigt und ihm bedeut, dass ich einmahl müsst trincken. Hat er mirs Glas angesetzet wie eine Mutter ihrm kleyn Kinde, da es das erstemahl dürfft ein Schlücklein nehmen. Hab so einen Blick ins Paradies thun dürffen, dessen Thor mir der tückische Beppo sogleich wieder zugeschlagen.
Hab noch mit ihm gezürnet, als wir am Nachmittag wieder auff der Strassen gewest.

»Halt dich bey deiner Bäurin schadlos«, saget da der Beppo ohn Reu und Rührung.
Hat er mir auch bald das Häuslein gezeigt, darinnen das Weib gewohnet, hat mir noch etzliche lateinisch Formeln beygebracht und haben wir ausgemacht, dass ich mir müsst die Bäurin bis zur Dämmerstund gefällig machen, und er dann käm, umbs Eslein zu holen. Er hett einen Schnaltzlaut für das Thier, und wenns den vernähm, meinte er, würd sichs von jedem Pflocke losreissen, daran es gebunden wär. Wollten uns hernachen an einem vorbestimmten Orthe wieder treffen.
So ward alles von uns auffs Beste vorbereytet, und ist doch wieder, wie offt im Leben, gantz anders gekommen. Ich geh also hinn zum Häusel, poch an die Thür, und wird mir auffgethan. Wars aber kein zierlich Weiblein wie mirs der Beppo geschildert, umb meinen Appetit zu mehren, sondern recht ein Schlagetodt von Mannsbild, neben dem noch ein kräfftiger Lohgerber wie ich ein rechter F . . . . .* gewest. Denck aber, muss irgendwas geschehn — hett auffs Eslein innerlich schon Verzicht gethan — und sag:
»Salve.«
»Scheyss«, antwort der andere.
Und ist mir solch guth teutscher Mutterlaut wie Himmelsmanna gewest, dass ich ruf:
»Kannst teutsch, Bruder?«
»Bin keins Pfaffen Bruder«, antwort er, und wirds in seiner Visaschen nit heller.
Da hab ich mein Vorhaben geändert und sag, bin auch nit immer geistlig gewest, sondern sey einmahl Landsknecht worden, hett mich viel in der Welt umbgetrieben und sey ein grosser Sünder gewest vor dem HERRN, bis ich hett Busse gethan und mich auff einer Pilgerfahrt zu Rom hett heylig zum Priester weihn lassen. Und ist nur dieses ein Lügen gewest in meinem Berichte.

* *Ordinär vulgärer Ausdruck gestrichen.*

»Kumm einer«, sagte da der Ries und lässt mich ins Haus, das ich nit ohn Befürchten betrat, da ich meinete, der Ohnband kunnt mich am End umbbringen, wie er vielleicht schon die Bäurin, so hier zuvor hausete, hett umbgebracht. Geh also mit Zittern und Zagen in die Stuben, und weiset er mir nit ohn Freundlichkeit einen Sitz.

»Was willst?« fragt er.

»Hett eine Bitten an die Bäurin gehabt«, sag ich und will herausbringen, ob er die Bäurin gemordet.

»Mein Weib ist nit da. Ist auffs Weihnachten zu denen Eltern im Gebürg. Singen und bethen, wies euch Pfaffen wolgefällig. Mag aber solchs Gethu nit.«

Da schüttel ich den Kopff und hab eine rechte Bekümmernis in meine Mienen gelegt.

»Was hast von der Bäurin wollen?« fangt der Schlagetodt wieder das Bohren an, und begann ich schon zu überlegen, wie ich einen solchen möcht bis zur Dämmerstund mir gefällig machen.

»Hab bitten wollen umb ein Gläslein Wasser umb Gotteswillen«, sag ich so recht voller Demuth.

»Wasser. Da gibts kein Wasser. Sauffts Viech. Willst in Dreyteuffelsnamen einen tüchtigen Schnaps, sollst ihn haben, Pfäfflein.«

Hab mich ein wenig bekreutzet, da er den Namen des Gottseybeyuns genennet, weil selbigs für meine gegenwärthige Zunfft hat besser ausgesehn, und sag, nit ohn innere Fröhlichkeit:

»So bring uns halt in Gottesnamen ein Schnäpslein, Landsmann.«

Bringet er eine mächtige Korbflaschen, womit man ein gantz Stättlein hett ausrotten mögen, und schöpffet mit einem Heber zween Krüglein voll.

»Da«, sagt er, »sauff!«

Und hab gesoffen mit Lust; denn es ist der allerbest hungrische Marillengeist gewest, wie wir ihn einmahl beym

Mahle der frantzösischen Officirs heymlich gekostet. Verdreh also die Augen gen Himmel und sag:
»Gratias«, wies mich der Beppo gelehret.
Der ander antwort nit und säufft und säuffet nur, thut wieder das Heberleyn in die Korbflaschen und füllt sich den Krug neu. Hab nie einen in solcher Eyl sauffen sehn, wiewol ich in dem Punckte auch nit zimpfferlich gewest. Denck mir auch, so gehts fürtrefflich. Bis es dämmert, hast ihn unterm Tisch, und der Beppo kanns Eslein locken. Doch seind auch hier die Ding wieder anders geschehen, als zu erwarten war; denn mit einem Mahle, da der Ries schon ohnsäglich viel in sich hineyngeschüttet, bricht aus ihm das Gemüth hervor, wie ich solches schon des öfftern bey Hartsäuffern erlebet.
Wirfft sich der Kerl vor mir in die Knie und schluchzet:
»Bruder! Bruder, bin ein Sünder vor dem HERRN!«
»Salve, frater«, sag ich und klopff ihm auff die Schulter.
Und wiewol das Worth, das mich der Beppo gelehret, nit gantz hierher gepasset, hats doch seine Würckung gethan, sodass der Bursch noch ärger heulet, und fanget an, den gantzen Ohnflath seines Daseyns vor mir auszuschütten, und ist nit viel anders gewest als der meine.
»Bruder«, schreyet er also, »hab gehurt und die Leuth und auch die Weiber beschissen, bin geflohen vor dem Feinde und hab meinem öbersten Herrn, dem Könige von Navarra, die Threu gebrochen« — den Navarresischen hatt ich freylich in meinem Leben noch nit gehabt — »hab gestohlen wie ein Rab, und ist auch der Schnaps, so wir grad gesoffen, aus der Fouraschen des frumben Königs gestohlen« — — ist dennoch guth gewest, denck ich, und hett gern noch mehr davon gehabt — »und das Schlimmst, hochwürdiger Herr« — jetzo hat der Heyd mich gar so angeredt — »das Schlimmst und eine rechte Todtsünd ist, dass ich zween Weibern bin angetrauet, einer daheym in teutschen Landen und selbiger italiänischen Bäuerin, so ich hier am Wege gefunden.«

Ach, wie traf solchs mitten in mein eygens Hertze, in welches das Worth Todtsünd wie ein Dolch gefahren! Musst aber umb meiner Lüg willen dazu das Haupt doch mit einigem Vorwurffe schütteln, bekannt aber auch zu seiner Tröstung, dass ich selber nit frey wär von Sünden, da ich in jugendlichem Ohnverstand unters wilde Kriegsvolck gerathen, eh ich das Vermächtnis von meinem Mütterlein seelig kunnt erfüllen und in des Papstes heyliger Statt geistlig werden.

Da weynet er abermahlen und ruft:

»Hochwürden, nimm die Sünd von mir.«

Da bin ich bedencklich worden und hab gemeint, ich wüsst nit so recht, obs bey mir würcklich helffen kunnt — sintemahlen ich auch die Formel nit gewusst, mit welcher man solches vornimmt —, aber der Kerl winslet und sagt:

»Bist ein Heyliger, Hochwürden, und so du dein ›Absolvo te‹ über mich sprichst, wirds mir ein Hertzenstrost sein und werd nimmer in Anfechtung fallen.«

»Absolvo te«, sag ich, da ich nun das richtige Wörthel gewusst und auch mehr ein Eyliger denn ein Heyliger gewest, da es draussen schon zu dämmern begonnen.

Hat er mich umarmet und gehertzet, was eigentlich die Bäurin hett mit mir thun sollen, und sagt, ihm ist viel leichter und müsst drauff noch einen mit ihm trincken.

Haben wir weiters gesoffen wie die Löcher und am End das Pfanneflickerlied gesungen, wovon er auch wieder hübsche Verslein aus dem navarresischen Heer gewusst, und seind geworden wie Brüder.

Und wie ich mich umb einigs später mit dem Beppo und seinem geretteten Eslein getroffen, hatt der schon mehr denn zween Stund auff mich gewartet, und ich erzähl ihm, dass mir, statt der Bäurin, der Bäurin Mann zu Willen gewest. Und lallete so dabey und bin getorcklet, dass er sagt, man dürfft mich nit alleyn lassen, wenn ich mein geistligs Ansehen nit sollt verlieren. Bin auch sogleich umbgefallen und am Wege eingeschlafen.

Seind am zweyten Feyertag weitergezogen, in einem geitzigen Pfarrhause gar ärmlich geatzet worden und haben bis zum Neuen Jahre das Eslein noch viermahl verkauffet und nächtens zurückgestohlen. Als wirs das fünffte Mahl gethan, hatten dieselben Bauren das Eslein geschlachtet, da sie frische Wurst gebraucht fürs Fest der Heyligen Drey König. Und wie solches der Beppo hat erfahren, ward er voll tiefen Schmertzes und hat nit von selbigen Würsten essen mögen, als ich sie in der Nacht vorm Dreykönigsfest gestohlen, sondern ist sogleich hingegangen und hat sie trauervollen Hertzens an andre Bauren verkauffet. Und haben sie selbige in Rauch gehänget und dabey nächtens als Wache geschlafen, sodass wir von unserm Eslein fürder nit mehr kunnten profitiren.

Mussten also noch vor Napel an einem Kloster einkehren und haben auch da gar fromm und fröhliche Ding erlebet, wovon ich im nächsten werd berichten.

## Das zwantzigst Capitel*

*Da ich mein Priestergewand*
*und ein Fürstenkindeskind auszieh*
*und werd von selbigem Muckl genannt.*

Wie wir den letzten Wurstzipfel vom Eslein des Beppo hatten verausgabt, ists für uns finster worden. Hat zwar der Beppo noch hier und da in einer arm kleinen Berggemeinden, so nit einmahl sich kunnt einen eignen Priester leisten, für einen frisch Verschiedenen eine kleyne Seelenmessen gelesen, und hats so übel garnit gemachet, da er sich auf das gesalbete Reden der Pfaffen vom Ministriren her gar wol verstanden. Ist aber die Einnahm für solche Armeleuthseelen nie gross gewest und haben uns nur dadurch eine wintzige Zubuss gewonnen, dass wir die Kertzen sogleich nach der Mess wieder gestohlen und für die nächste arme Seel abermahlen verkaufft. Ist aber doch ein rechts Fretten gewest.

Als wir mit unserem Gelde und der Beppo mit seinem Lateyn seind gantz am End gewest, hat uns der Himmel seine gar hülffreiche Hand gereicht, indem er uns, an einem Hügel anmuthig hingelehnet und in einer völligen Einsamkeit, ein gar prächtigs Gebäude gezeigt, welches wir sogleich als ein Kloster ausgemachet. Da wir in unserer Brust ein Jubiliren, da wir gewusst, dass die Pilgersleuth in Klöstern allemahl freundliche Zuflucht finden, in Sonderheyt so sie aus dem Auslande kamen und bresthaft waren. Doch wieder sagete mir der Beppo, ich müsset abermahlen stumm sein, auff dass meine Ohnkenntnis der lateynischen Sprach bey denen Brüdern nit ruchbar würd.

* *Dieses Kapitel, empfiehlt der Herausgeber, sollte im Schulunterricht tunlichst fortgelassen werden.*

Seind aber Schwestern gewest, so im Kloster gehauset, wie sich herausgestellt, als wir an der Pfordten geklinglet, und gabs keine Möglichkeit, dass wir bey denen schliefen. Muss aber der Beppo mein gräulich Leyden, welches mehr in der Absenz vom Alcohole bestund, so ergreiffend dargestellt haben, dass die güthige Mutter Oberin uns verstattete, in einem Gärtnerhäusel, so vor denen Klostermauern gelegen, unser Quartir zu nehmen. Den Messen und Vigilien dürfften wir mit den Nonnen beywohnen, sagte sie, und das Essen sollt uns aus der Klosterkuchel gebracht werden. Letzteres war mir wichtig, und habens auch nit schlecht gekochet — wenn auch zuviel Fasttäg sein gewest —, nur hats gantz und gar am Alcohole gefehlet, welches ein arger Übelstand gewest.
Hat für uns nun ein friedsam beschaulichs Leben begonnen, wobey wir nur allzufrüh vom Lager auffgestöret worden, da wir schon zur Frühmessen mit denen Nönnlein mussten zum Althare gehn. Muss curios ausgesehen haben, da ich und der Beppo ihnen in unserem Caplanscostüme nachgefolget wie ein Hirth und sein kleiner Hüterbub, so eine Schar schwartzer Gäns vor sich hertreyben. Nach dem Frühstück seind wir dann über Land gangen, haben hier und dorten etwas für arme Seelen und unsre durstigen Kehlen gethan, wol auch einmahl aus christlicher Barmhertzigkeit einem alten Weiblein das Holtz gehacket, welches hier von den Pinjenkiefern gekommen, oder einem Wintzer die Trauben gethreten, was uns das Füsswaschen ersparete. Seind aber allemahl missmuthig worden, wenn wir solches umb Gottes Lohn thun sollten und mit einem ›Deo Gratias‹ abgespeyst worden. Haben dann immer noch ein Öpfferlein für unser Kirchleyn erbeten und haben solches, zu Gottes Ehr, in unser durstigs Inners rinnen lassen, und haben also auch unsern Leib, Leber und Nieren erhalten, welche der Schöpffer so mit Fleiss gebildet, dass sie ihn sollten lobpreysen.
Eines Tags bemercketen wir, dass sich unter der Schar der

Nönnlein, so wir zum Althare thrieben, auch ein Maidlein befand, welches nit der Nonnen Tracht getragen, sondern ein feyns Mieder von schwartzem Athlas und hatt übers Haar, das nit geschnitten war, einen Spitzenschleyer getragen. War ein sehr schmals und gar süss Persönlein mit unruhig glitzrigen grauen Augen und das Haar blond, wies gar nit so recht ins mittägliche Italien gepasst. Hab angefangen ihr zuzublintzen, ohngeachtet meines caplanischen Costüms, und hat dieselbe erst streng und hochmüthig than, nachher aber gegrinset und wol auch einmahl mir zugeblintzet.
»Schaff mir das Maidlein«, sag ich dem Beppo, als wir wieder einmahl über Land gegangen. »Ist ohnedies nit im geistligen Stande.«
»Doch bist du im geistligen Gewande«, meynet der Beppo.
»Thäts schon im rechten Augenblick ausziehen«, sag ich dawider.
»Teutscher Saubär«, erwidert der Beppo, so nun auch schon in die Feynheiten unserer Sprachen eingedrungen. »Will aber sehen, was sich machen lässt.«
Hat auch bald von einer Küchennonnen, so er manchmahl einen väterlichen Patsch auffn Hintern gegeben, alls über besagtes Maidlein erfahren. Und ist solches in vielem meinem Vorhaben, welches durch den allersanfftesten, blüthen- und düfftereichsten Lentz sehr gefördert worden, überaus günstig gewest. Ist nemlich selbigs Maidlein ein italiänischs Grafenkind gewest, Contässa heyssen sies dorten, und hat Vater und Mutter verloren, da sie auff einer Meerfahrt bei der Insel Caper*, so ich später auch kennengelernt, kläglich ersoffen. Und haben Verwandte das eintzig Kind von seinem Schlosse bei Napel wegthan und ins Kloster befördert, damit sie nit fremdem Kriegsvolck zur Beuthe würd, welches sich in der grossen Hafenstatt allweyl herumbtrieb.

* *Capri.*

»Solches kunnt ich hier auch übernehmen«, sag ich dem Beppo, dem ich für seine hülffreiche Güthe danckbar gewest.

Bin nun umb ein wenigs kühner geworden bey unsern Processionen mit denen Nonnen, hab sogar einmal beim Vorübergehen der Contässa Händlein ergriffen, und hab, da die Oberin scheel geblicket, sogleich ein Segensgestleyn draus gemachet.

Ist aber solchs zuwenig gewest für einen Mann, der seit seinem Abschied von der frantzösischen Schanett so keusch und ohngesund gelebet, wies seiner caplanischen Tracht entsprochen. Musst wieder der Beppo helffen und ist wol der Küchennonnen öffter recht gefällig worden, wofür er auch hin und wieder eine Nacht weggeblieben, und hat selbige Nachrichten überbringen müssen an das Grafenkind, so Lutschia* geheyssen nach einer Heyligen der Statt Napel, und ist ihre Mutter eines österreichischen Fürsten Kind gewest, sodass sie auch teutsch gesprochen. Solchs ist immer guth, weyl man anfänglich leichter zurechtkommt, wenn auch fürs Eigentliche hernach keine Sprachen mehr nöthig ist.

Ists also dem Beppo und seinem Nönnlein gelungen, dass eins späthen Abends mein Grafenkind und Fürstensprösslein aus seinem Fenster geklettert, da es zu ebener Erden gewohnet. Und seind wir, nachdem ich ihr arthig das gar schmale Händleyn gedrücket, selbdritt den Berg hinterm Kloster hinauff, da Pinjen und Züpressen stunden und die Oranschenblüthen und der Lorbeer gedufftet. Und als der Mond und die Stern herauffgestiegen, haben wir uns am warmen Hang hingelegt. Beginnet da ein Nachtigall zu schreyen, und flöthet wie der Schnautz Schlechthaus zur Weihnacht in Sanct Johannis.

Fängt mein Maidlein das Schnauffen an, und da der Beppo hinweggegangen, weyl er gesagt, er müsset die Stern stu-

* *Natürlich Lucia.*

Und seind jetzt alle meine Nächt süss geworden und wol auch die der Lutschia, das wirs in unserer klösterlich weltflüchtigen Abgeschiedenheit noch lang hetten aushalten mögen. Doch hat der Beppo drauff gedrungen, das wir bald weiter müssten, da sein Küchennönnlein in Gefahr wär, sich umb einen Küchenjungen zu vermehren, und die Kutten solche Zuthat nit lang mehr verbergen kunnt.

Da hab ich ihn ob seiner fleyschlichen Anfechtung sehr gescholten, gleich als ob mein geistlige Tracht mich zu einer Busspredigt verpflichtet hett. Welches er dann auch sogleich wider mich gewandt, da er ja das nämliche Costüm getragen. Haben danach einander gebeichtet und seind wieder guthe Freund geworden. Dennoch hats ihm pressirt fortzukommen.

»Will mitgehn, Beppo«, sag ich, »aber nur, wenn auch die Lutschia mit uns kommet.«

Und da ichs ihr in einer von unsern Nachtigallennächten mitgetheilt, saget sie freudig ja, und sollten mit ihr leben auf ihrem Schlosse bei Napel. Wozu denn auch ich und der Beppo Ja gesagt.

## Das einundzwantzigst Capitel

*Wie wir in Napel fröhlich als Leichen gelebt, ich mir den Arsch verbrannt und einen Fürsten hab gewalcket.*

Ist nun die allerhöchst Zeit gewest, dass wir solches beschlossen, denn haben unsere Nönnlein Lunte gerochen — mag wol auch die Kuchelnonn gepetzet haben, da sie sich am Beppo hatt rächen wollen —, und als wir die Lutschia das letzte Mahl aus dem Fenster gehoben und ein paar Köfferlein dazu, hats Alarm im Kloster geben. Ist zwar nit auf einer Trompeten geblasen worden, wie im Landsknechtslager, sondern hat ein Weiblein gekrischen wie diejenigen Gäns, von denen gesagt wird, sie hetten einst die Statt Roma gerettet. Und umb bey denen Gänsen zu bleiben, hat sich nun ein vertrauts Bild umbgekehret: Jetzo seind die zween Hirthen im Caplansgewande vorangeloffen und die auffgescheuchte Herden der schwartzen Vögel hinterdreyn.
Hab ich die süsse Lutschia müssen huckepack nehmen, da sie so schnell nit kunnt rennen, und der Beppo ist mit den Koffern losgesauset wie ein Wieselchen. Hat solche curiose Verfolgung, jedoch nit lang gedauret, denn auff einmahl läuts im Kloster und mussten nunmehro die Nönnlein zum Dienst am Althare, und — brrr! — hat der Schwarm die Flügel gewendt und seind allesamt washastwaskannst zum Kloster zurück.
Ist ihnen hernach von der Lutschia ihr Ohngemach reichlich vergolten worden, da sie denen Nonnen ein hübsch geschnitzt Madönnlein verehret in blau und güldner Farb, und haben sie an selbigem mehr Freud gehabt als an einem Maidlein, welchem es unter den Röcken gejücket.

Haben das nit weith gelegen Napel noch am selbigen Abend erreicht, und ist dieses ein volckreiche Statt gewest, wie ich eine solche noch niemahlen gesehen, und hats Venedig und Roma an Gewimmel und Gewusel noch sehr übertroffen. Seind aber gleich der Lutschia in ihr Schlössel gefolgt, so an einem Berghang am Meere gelegen und sich Possilipp* nannte. Hats Haus in einem prächtigen Parck gestanden, darinnen es über alle Vorstellungen ambrosisch gedufftet, und wie mein Maidel die Thüren auffgeschleusst, ist zwar drinnen ein üble Lufft gewest, da selbigs Schloss lang nit benutzt worden, doch war in denen Sälen ein Gefunckel von Gold und Silber und Cristall, daraus auch die Kertzenleuchter gemacht, von Seyden, Damast und allerfeynsten Tüchern, und ist für mich hernach nur noch beim Türcken übertroffen worden.

Die Lutschia ist herumbgehüpffet voller Freud wie ein gantz kleins Maidlein, da sie alls Ihrige wieder in Besitz genommen. Hat gesungen und geträllert und mir Schmätzlein geben und mich ein übers andermahl Muckl geheyssen. Hat auch der Beppo das geistlig Gewand gleich von sich gethan, hat die Fenster auffgerissen und in der Kuchel Reiserbesen geholt unds Fegen angefangt. Verkündt auch in seiner Freud, dass er uns was zu essen und Weyn stehlen wollt, da wir vom langen Marsch einen gräulichen Hunger gehabt.

Ist aber die Lutschia gar sehr erschrocken, da der Beppo in seiner landsknechtischen Ohnschuld vom Stehlen geredt und hat ihm Geld geben, wovon sie viel an einem geheymen Orthe verborgen gehalten. Musst mein armer Camerad auch sogleich in einer Wannen baden, was ihm schwer angekommen, und krieget ein feyns Leinenhembd, weysse Strümpff und Schnallenschuh, dass er wie er Lackei eines Fürsten ausgesehen, was er ja nun auch worden ist, und wurd mit einem Körblein auff den Weg geschickt.

* *Posilippo, italienisch.*

Hats nun auch mir nit geholffen, dass ich in die Wannen gemusst, und hab den Caplan für immer auszogen. Nur hats mir weh gethan, dass ich auff mein guths Unterhöslein aus kräfftig grauem Thuche verzichten gesollt, da ich solches noch von meinem lieben Mütterlein seelig hatt empfangen, und krieget dafür nun seydene Wäsch, so merckwürdig am Körper geglitschet, und Hosen und Wämser von Sammte. Hab mich vor mir selber geschämet ob solcher Verkleidung. Doch tröstet ich mich damit, dass es in denen Kerckern der Engelsburg weith schlimmer gewest.
Und ist nur arg worden, dass ich jetzto an jedem Tage hab müssen baden und nit in jedem Monathe und vor denen heyligen Täg, wies in einem guth und reinlichen teutschen Haushalte der Brauch. Und dass die Wannen nit von Holtz waren, worauff sichs so schön sicher sitzet, sondern von Marmor, welcher dermassen glatt, dass ich immer wieder drauff ausgerutschet. Ist mir solches auch auff denen Fussböden geschehn, so gleichfalls von färbigem Marmor gewest, und hab manch ein Scheyssackelzement oder noch gröbers Wort vor mich hingefluchet, was alls mir die Lutschia hat wollen abgewöhnen.
Haben am selbigen Abend unserer Ankunfft noch ein gross Fest gefeyret im Schlössel, was die Lutschia ein Kastel* genannt, und war meinem Fürstenmaidlein nur das Getränck nit recht, welches der Beppo eingekaufft, weil er vor allem hatt einen kräfftig sicilischen Schnaps gebracht, welcher beinahe wie der best teutsche Fusel geschmecket. Und haben ihn ich und der Beppo auch tüchtig in uns gegossen und hernachen das Pfanneflickerlied gesungen, wovon leider die Contässa etzlichs verstanden und es mir fürderhin verboten. Seind wir auch nächtens in den Garten, und macheten uns einen Jux drauss, die zween Caplansgewänder, so schon recht speckicht gewest, und auch unser Unterwäsch in das Meer zu versencken.

* *Von italienisch castello = Schloß.*

Hat solches noch ein ergötzlichs Nachspiel gehabt, da ein paar Täg später die Kleidung ist im Hafen von Napel antrieben worden. Habens Fischer herausser gefischt und seind damit zur Politzei. Und hats sogleich geheyssen, dass etzliche MÄNNER Gottes seind von Räubern erschlagen worden, und ist überall die Polizei herumbgerennet in denen Schäncken und Bottegen und hat Seeleuth und Bauren vernommen. Haben auch eine gantze Fischerflotten ausgeschickt, so mit Schleppnetzen den Hafen absuchete, umb die Leichen der Ermordeten zu finden. Habens aber nit gefunden, da selbige fröhlich am Possilipp gewohnet und ihr Vergnügen daran hatten, dass das napolitanisch Volck, welches sehr lebhafft im Geiste, sich voller Lust erzählete, es sey ein gantz geistligs Stifft im Gebürg von Räubern überfallen und mit Mann und Maus niedergemetzlet worden. Das hat uns höchlichst gefallen.

Muss ich aber noch einmahl von unserm ersten Abend im Kastel berichten. Da wir also unsern geistligen Stand im Meere versenckt hatten, gelüstete michs umbso mehr, mich nun des fleischlichen zu erfreuen. Patsch also meiner Lutschia eins auffn Hintern und sag:

»Komm ins Bett, Maidel.«

»Mit dir?« fraget sie.

»Wüsst nit, wies anders ging«, antwort ich und hatt schon ein Bett mit seyden Decken gesehen, das so gross gewest, dass auch der Beppo noch mit einem Maidel drinn Quartir gefunden hett.

Doch die Lutschia rümpffets Näslein und sagt:

»Hast Schnaps truncken und einen Knofel* gegessen. Mag solches nit.«

Und hatt würcklich der Beppo einen gantz fürtrefflichen Knofel vom Marckte mitgebracht, welchen wir ohn Beygab verspeyseten und uns recht fürstlich dabey vorgekommen.

* *Alter, in Teilen Deutschlands heute noch gebräuchlicher Ausdruck für Knoblauch.*

Doch ist mein Contässlein ein anderer Meinung gewest, und eh ich michs verseh, ist sie schon in ihrer Schlafkammer und hats abgeriegelt.
Ich pumper wider die Thür und sag:
»Lass mich einer, sey nit blöd. Die Nachtigallen schreyn.«
»Seind meine eigenen«, sagt sie, und ist was wie Hochmuth in ihrer Stimm gewest.
Bin also in meine Schlafkammer, welche eigentlich ein Saal gewest, und bin recht voll Grimms in mein Bette, welches auch für eine Familien gemachet schien. Kunnt aber nit einschlafen drinn, weil alls Zeug zu weych und warm gewest, und war da auch ein Vorhang überm Bette, welcher mir die Lufft benahm. So bin ich nach etzlicher Zeyt wieder herauss, bin in Garten, wo eine guth warme Lufft vom Meere her wehete, das schön gerauschet, und hab dorten so fürtrefflich geschlafen wie im Feldlager. Dacht nur zuvor noch: Ist auch nit immer leicht, ein reicher Mann sein. Und solche Meinung hat sich bewährt, solang wir Zween — ich und der Beppo — in selbigem Kastel gewohnet. Hatten nun gewiss keine Sorgen mehr umbs Fressen und Sauffen, und war alls gar köstlich zubereyt, da sich die Lutschia zween Köchinnen geholet und ein Stubenmädel und eine Kammerfrau — allsamt appetitliche italiänische Weibsbilder, welche sie den gantzen Tag umbgaben, sie frisireten und pomadisireten, sie salbeten und schminckten, dass sie am End wie ein gantzer Barbirladen gerochen und der best Knofel nit dagegen kunnt anstincken.
Hatten aber ich und der Beppo offt ein Gelüsten nach solchem und seind in die Hafengassen und haben allda Knofel gessen und Schnaps getruncken, mit Burschen gewürfflet, so uns beschissen, und munther Weiblein inn Arsch gekniffen. Da ists auch in Napel offt wunderbar für uns worden. Und haben auch gerülpset und die Wind herauslassen, wies umb der Gesundheit willen nöthig.
All solchs hab ich aber bey meinem Fürstenkindeskind nit thun dürffen und hat mich auch nit öffter in ihr Bett las-

sen, als ich daheym gebadet. Und haben ich und der Beppo auch weitershin an jedem Morgen, so der liebe Gott hatt werden lassen, in die Wann steigen müssen, wobey der Beppo die Lutschia offt betrogen und hat die Wann zuvor auslauffen lassen. Bey mir aber controllirete sies und hat sich nit lassen überzeugen, dass es in puncto Bett und Bad umgekehrt wär richtiger gewest und auch besser für die Gesundheit.

Doch hab ich sonst zu Napel umb diese Zeyt gar herrliche Ding gesehen. Seind bei Caper*, wo der Lutschia liebe Eltern seind ersoffen, in eine Grotten, darinn als blau geleuchtet, und hinauffgeklettert auff den mächtigen Berg, so Feuer speibet, Schwefel ausdünstet, wie selbiger Baron Montsalvari, und mächtig stincket und wird Fesuff** geheyssen. Ist das ein mühselig Wanderung gewest, da das Gesteyn, so der Berg ausgespieben, ist spitzackig, recht wie eine Schlacken, und heissen sies dort eine Laven***. Manchmahl musst ich mein leichts Maidel auff den Arm nehmen und hab sie getragen, wobey ich sie auch liebreich gedrükket und hat sich nit dawider gesträubet. War dann doch rechtens erschöpfft, als wir droben gewest und der Berg seinen gifftigen Rauch wider uns geblasen. Setz mich drumb gleich zur Ruh nieder und fahr wieder hoch, da alls glühend heyss gewest und mir es in solcher Kürtze die Hosen und den Arsch verbrennet, dass es nach anbrathenem Fleische gestuncken.

Haben also gleich wieder müssen hinunter und hab mir hint die Hosen zugehalten. Seind früher heymkommen, als wir gewollt, und hat müssen die Lutschia den Beppo vom Kammermaidel herunterpflücken und ein andersmahl von der Köchin, da er die Trauer umb sein liebs Eheweib hatt völlig überwunden. Und hat mir mein Contässlein gedro-

* *Capri s. a. a. O.*

** *Vesuv.*

*** *Lava.*

het, sie würd den Beppo wegthun, falls solches wiederumb geschäh. Sag ich, dann würd ich gewisslich mitgehn, da der Beppo mein Bluthsbruder sey, welcher mich vorm Todte gerettet. Da hat sie fürs erste nachgeben, und der Beppo hat sich fürs nächste auch nit mehr erwischen lassen.
Hinwiederumb hat die Lutschia nit die Pflichten erfüllet, so bisher alle meine Maidlein und angetrauten Eheweiber getreulich erfülleten. Hat zum Exempel mir nit liebreich mit Salben den Arsch gestrichen, da ich ihn mir auf dem Fesuff verbrannte, sondern musst solches auch der Beppo thun. Und hetts mich nit gewundert, wenn sie mir am End auch den Beppo ins Bett geleget, da sie sich mir immer öfftер versagete. Ist auch in ihrem Bette nit mehr die wunderbare Lust gewest wie auff dem Berge hinterm Kloster, da wir im warmen Grase auff der Erd gelegen. War alls zu weich und seind einem immer Decken und Tüchlein zwischengekommen.
Fingen aber in jener Zeit junge Bürschlein an, umbs Kastel herumbzustreichen und nächtens wie die Kather zu mauntzen wegen meiner schönen Lutschia. Da ich einen von ihnen erwischet, hab ich selbigen durchgewalcket in bester Lohgerberarth. Erfuhrs die Lutschia am nächsten Tag und hat gezedert, selbiger sey ein hochberühmter junger Fürstenspross gewest. Und hat mich das erst recht gefreuet, dass ich einen Fürsten hatt vertobackt.

## Das zweyundzwantzigst Capitel

*Von einem blauen Hintern,*
*einem Tantenhertz*
*und dem überflüssigen zweyten Hembd.*

Seit die Printschips*, wie sich die italiänischen Fürsten heyssen, umbs Kastel geschlichen und gemauntzet wie die läuffigen Kather, hat die Lutschia angefangen, sich schier zu verwandlen. Sie hat sich gespreitzet und geziret, sich immer mehr Schminck und Salben in die Visaschen streichen lassen und sogar lang und eng Seydenhosen im Bette und in der Stuben angezogen, welche genau haben sehen lassen, wie sie gebauet. Und wollt ich solchs lieber ohne Hosen sehen und erinnerte mich einer Weissagung meines Mütterleins seelig, dass einmahl der Weltuntergang nahe wär, so die Weibsleuth Hosen trügen, welche nun einmahl von der Schöpffung allein dem Manne vorbehalten.
Hat mich mein Contässlein auch noch seltener in ihre Kammer gelassen und sich was gantz Tumbs angewöhnet. Benennet auff einmahl ihre Körpertheyl und Annehmlichkeiten mit lateynischen Namen, da es doch so guth kräfftig teutsche dafür gibt. Und hab nimmer gewusst, wie und wo ich ihr am besten kunnt wolthun und hab drob einen rechten Zorn bekommen. Meynet am End, ich hett den falschen Hund geschlachtet unds falsche Fürstenkind verwalcket. Wusst auch, dass es allen meinen früheren Ehgemahlinnen von der Marthe über der Marcketenderin Tochter immer sehr wolbekommen, wenn ich ihnen bey Gelegenheit den Hintern versohlet. Solches hat immer eine guthe neue Eintracht und Willfährigkeit geschaffen.

* *Principe, italienisch = Fürst.*

Da es also meine Lutschia einmahl nachts wieder mit dem gar Vornehmthun gehabt, leg ich sie übers Knie, zieh ihr das Seydenhöslein aber und klatsch ihr schön mit der flachen Hand auffn Hintern. Ist sie aber gar fürchterlich worden, beisst mich in die Nasen, dass sie gebluth und ich da noch heunt ein Narben trag, kreischet gantz ohnsinnig, fallt umb und bleibt mir weg. Bin furchtbar erschrocken, da ich erst gemeynt, sie sey todt, und sah mich schon wieder einmahl an einem Galgen prangen. Doch kunnt ich mir nit dencken, dass einer vom Arschversohlen gleich den Odem für immer lässt, auch wenn solches einem Fürstenkindeskind aus Wien geschieht. Schrey also nach der Kammerfrau, und da sie nit kommt, find ich sie im Bett von Beppo, und hab sie, ohngeachtet ihrer Ohnabkömmlichkeit, commandiret, dass sie ihre Herrin wieder zu sich brächt. Und ist ihr das auch mit Medizinlein und dufftenden Wässerlein gelungen. Bin ich aber Lufft gewest fürs Lutscherl auff zween Wochen, in welchen ich mich im Hafenvierthel von Napel ergötzet, was auch allerley Vergnügen bereytet.
Nach ihrer Genesung, wie sies genannt — war aber nur ein blaus Flecklein aufm Hintern — ist mein Maidlein noch feyner worden denn zuvor. Eines Tags, da wir etwan ein Jahr mitnand gelebet und seind im Garten beisammengesessen und sehen, wie die Schiffer hinausziehen auffs Meer, seuffzet sie und fragt:
»Weisst du, wie weit der rasende Roland gediehen?«
Nun denck ich, sie meint da einen von denen napolitanischen Fischern, welche auch offt so curiose Namen gehabt und immer des Morgens zum Fang segelten.
»Ja«, sag ich, »so er einen guthen Wind hat und würcklich eylig ist, kunnt er leicht schon bei der Ischias-Insel* sein.« Thuts Lutscherl wieder einen Gickser, dass ich gemeint, sie bleibet mir abermahlen weg, und erkläret voll Hochmuths, dass besagter Roland nit echt wär, sondern von einem

* *Ischia, vulkanische Insel im Golf von Neapel.*

Nönnlein, so wir zum Althare thrieben, auch ein Maidlein befand, welches nit der Nonnen Tracht getragen, sondern ein feyns Mieder von schwartzem Athlas und hatt übers Haar, das nit geschnitten war, einen Spitzenschleyer getragen. War ein sehr schmals und gar süss Persönlein mit unruhig glitzrigen grauen Augen und das Haar blond, wies gar nit so recht ins mittägliche Italien gepasst. Hab angefangen ihr zuzublintzen, ohngeachtet meines caplanischen Costüms, und hat dieselbe erst streng und hochmüthig than, nachher aber gegrinset und wol auch einmahl mir zugeblintzet.

»Schaff mir das Maidlein«, sag ich dem Beppo, als wir wieder einmahl über Land gegangen. »Ist ohnedies nit im geistligen Stande.«

»Doch bist du im geistligen Gewande«, meynet der Beppo.

»Thäts schon im rechten Augenblick ausziehen«, sag ich dawider.

»Teutscher Saubär«, erwidert der Beppo, so nun auch schon in die Feynheiten unserer Sprachen eingedrungen. »Will aber sehen, was sich machen lässt.«

Hat auch bald von einer Küchennonnen, so er manchmahl einen väterlichen Patsch auffn Hintern gegeben, alls über besagtes Maidlein erfahren. Und ist solches in vielem meinem Vorhaben, welches durch den allersanfftesten, blüthen- und düfftereichsten Lentz sehr gefördert worden, überaus günstig gewest. Ist nemlich selbigs Maidlein ein italiänischs Grafenkind gewest, Contässa heyssen sies dorten, und hat Vater und Mutter verloren, da sie auff einer Meerfahrt bei der Insel Caper*, so ich später auch kennengelernt, kläglich ersoffen. Und haben Verwandte das eintzig Kind von seinem Schlosse bei Napel wegthan und ins Kloster befördert, damit sie nit fremdem Kriegsvolck zur Beuthe würd, welches sich in der grossen Hafenstatt allweyl herumbtrieb.

* *Capri.*

»Solches kunnt ich hier auch übernehmen«, sag ich dem Beppo, dem ich für seine hülffreiche Güthe danckbar gewest.
Bin nun umb ein wenigs kühner geworden bey unsern Processionen mit denen Nonnen, hab sogar einmal beim Vorübergehen der Contässa Händlein ergriffen, und hab, da die Oberin scheel geblicket, sogleich ein Segensgestleyn draus gemachet.
Ist aber solchs zuwenig gewest für einen Mann, der seit seinem Abschied von der frantzösischen Schanett so keusch und ohngesund gelebet, wies seiner caplanischen Tracht entsprochen. Musst wieder der Beppo helffen und ist wol der Küchennonnen öffter recht gefällig worden, wofür er auch hin und wieder eine Nacht weggeblieben, und hat selbige Nachrichten überbringen müssen an das Grafenkind, so Lutschia* geheyssen nach einer Heyligen der Statt Napel, und ist ihre Mutter eines österreichischen Fürsten Kind gewest, sodass sie auch teutsch gesprochen. Solchs ist immer guth, weyl man anfänglich leichter zurechtkommt, wenn auch fürs Eigentliche hernach keine Sprachen mehr nöthig ist.
Ists also dem Beppo und seinem Nönnlein gelungen, dass eins späthen Abends mein Grafenkind und Fürstensprösslein aus seinem Fenster geklettert, da es zu ebener Erden gewohnet. Und seind wir, nachdem ich ihr arthig das gar schmale Händleyn gedrücket, selbdritt den Berg hinterm Kloster hinauff, da Pinjen und Züpressen stunden und die Oranschenblüthen und der Lorbeer gedufftet. Und als der Mond und die Stern herauffgestiegen, haben wir uns am warmen Hang hingelegt. Beginnet da ein Nachtigall zu schreyen, und flöthet wie der Schnautz Schlechthaus zur Weihnacht in Sanct Johannis.
Fängt mein Maidlein das Schnauffen an, und da der Beppo hinweggegangen, weyl er gesagt, er müsset die Stern stu-

* *Natürlich Lucia.*

diren, mach ich ihrs Miederlein offen, damit sie Lufft kriegет. Hat aber jetzo noch ärger geschnauffet, und sag ich ihr:
»Thu dochs Mieder gantz ab.«
»Geht doch nit, Hochwürden«, sagt sie in einem lieblichen Teutsch, das ein wenig hart geklungen.
»Das gehet schon«, sag ich und hülff ihr dabey, dass sie sich oben freymachet.
Ist da alls prächtig und lieblich und zarth angeleget gewest, dass es sogar einen alten Lohgerber und Landsknecht schier überwältiget.
»Ich denck, ihr könnt nit sprechen«, sagt sie und scheynet sich umb die obere Freyheit nit mehr zu sorgen.
»Kann schon«, antwort ich, »ist die Sprachlosigkeit nur eine innere Buss, so ich mir aufferleget.«
»Seid wol ein gar arger Sünder, Hochwürden?«
»Ein Sünder wol«, sag ich, »aber nur bey denen Frauen, so uns der Herrgott in der Nachfolg der Eva beygegeben. Und Hochwürden bin ich auch nit. Ist bey mir so wie bey dir, dass ich den Nachstellungen des rauhen Landsknechtsthums entflohen und in einem geistligen Gewande und einem geistligen Hause Zuflucht genommen. Sag aber solches der Oberin nit.«
»Würd mir ja damit selber schaden«, sagt sie drauff gantz feyn und lieblich, und hat in mir ein Jauchtzen und Strömen und Glücklichseyn begonnen wie nur in meines Bärbels besten Zeiten.
Bin ja auch noch nit alt gewest, im allerbesten Saffte, und wiederumb schon in allerley Listen und Annehmlichkeiten erfahren, die ich von denen Frauen verschiedener Nationaliteten gelernet und worann auch ein Fürstenkindeskind mocht sein Vergnügen haben. Hat im selbigen Momente auch noch ein Nachtigall das Schreyn begonnen, und gabs eine verliebte Zwiesprach zwischen den Vöglein, welche auch das härtest Hertz hett erweychen müssen. So hats kein Müh mehr gegeben, als ich sag:

»Legs Untertheil auch ab, Lutschia.«
Hat sies mit flincken Fingern gethan und ist im Mondlicht die Pracht noch grösser worden. Und da sie mir das Büchlein ihres Leibs auffgeblättert, seind da wol keine neuen Bilder für mich gewest, doch alls auffs trefflichste ausgeführet. Das Brüstlein wie von Alabaster, drauff hier und dorten zween rothe Farbtüpfflein auffgesetzt, und am Schoss ein kleins blonds Dreieckleyn als der Mutter Erbtheyl. Hab auch ich den Caplan auszogen, so mir ohnedies nit gebühret, und seind wir im holden Stande der Ohnschuld sündig worden, und hats Contässlein Kräfft gehabt im Umarmen, so ich ihr nimmermehr zugetrauet. Und hat sie von meinen drey Vornamen den letzten ausgewählet und mich zärtlich ›Muckl‹ genennet, wie solches der österreichischen Mutter fürstliche Arth gewest.

Der Beppo hat wol in dieser Nacht sehr viele Stern gezählet, da er nimmer zurückgekommen, und ich zählete andere liebliche Ding stets aufs neu, und hab dazu kaum die Finger zweyer Händ gebrauchet.

Haben aber alls andere gebraucht an unserm Leibe, so sich ergäntzete oder gleich gewest, haben uns gehertzt und geküsst und einander Muckl und Lutscherl genannt. Als der Mond untergegangen und ists dunckel worden, haben wir suchen müssen und doch alls gefunden. Und wie die Wolcken sich grau gefärbet, haben wir gehen müssen und einander versprochen, uns die kommende Nacht wieder zu sehen. Hat auch ein jeds das Seine angezogen, die Lutschia das Kleid eines adligen Jüngfferleins, wiewol sie letzters nun nit mehr gewest, und ich das eines Caplans, wiewol ich ein solcher niemahlen geworden.

Seind nachher bey der Messprocession aneinander vorbeygeschritten und haben uns nit angeschauet. Hab aber dennoch bemercket, dass ihre Wangen von einer purpurnen Röthe waren überloffen, da sie mir vorüberging. Kunnt aber auch die Sonn sein, so zum Orgelklang durch bunte Morgenfenster gestrahlet.

Dichter gemacht, welcher sich Amrost* oder ähnlich hiess und schon viele Jahre an seinem Gedichte schrieb.
Geb ich zur Antwort, ich kennet solche Poethen, das seyn gantz windig faule Brüder und hetten im Neustättel auch einen gehabt, so im Hauptberufe Schuster gewest, und wenn eins gestorben wär, seind die trauernd Hinterlassnen zu ihm gangen, umb ein recht schönes Gedichtel zu bestellen für die Traueransag. Und hett er dann immer nur gedichtet:

»Muss euch die Trauerkunde sagen;
Ein Mutterhertz hat aufgehört zu schlagen.«

Manchmahl hett er auch Vaterhertz draus gemacht oder Bruderhertz, Schwesterhertz, Tantenhertz — wies grad getroffen — und hett dafür wacker cassiret. Selbiger hett auch als Schuster die Leuth beschissen, da er brüchigs Leder verwendet, dadurch beim ersten Schnee das Wasser geloffen.
Drauff gucket mein Lutschilein mir ihren grauen Äuglein in die Lufft, als hett sies nit verstanden, seuffzet tief und sagt:
»Muss einmahl wieder dem Simmerl schreiben.«
Dacht, das sey einer von denen Läuffigen vom Gartenthürl, und frag sie geradezu danach.
Lassts wieder einen Seufftzer ausser und sagt:
»Ist der Onkel Cosimo im Florenz.«
Sag ich, dass ich gar nit gewusst, wie sie in Italien noch so nahe Verwandtschaft hett, und obs von Vaters- oder Muttersseyten sey. Doch sie thet wieder feyn und saget:
»Nennen alle vom hohen Adel Herr Onkel und Frau Tanth und Herr Vetter und Frau Cusihn. Und von meiner Mutter, der Fürstin, hab ich die wienerische Sitt, dass ich ihnen wienerische Namen geb. Und den Simmerl heyss ich drumb den Cosimo und ist der regierend Meditschi**. Und

* *Ariost (1474—1533), Verfasser des satirischen Ritterromans ›Der rasende Roland‹.*
** *Cosimo I. Medici (1519—1574), Herzog von Florenz.*

arbeit für ihn der grosse Michel Anschelo* als Maler und Baumeister.«

»Das ist gescheidt«, sag ich, »dass er sich einen Handwercker gleich im Haus behält, da es heutigentags so schwer ist, einen zu kriegen. Thäts an deiner Stell auch, weyl deine Schlafkammer und die Badstuben wieder einmahl das Anstreychen bräuchten**.

Über all solches hat sie hinweggeseufftzet und erzählt von einer verstorbenen Tanten aus Ferrara, die sie Cretschi genannt, und das sey eine so feyne Dame gewest, dass sie in gantz Italien die Kleider nachgemachet, welche sie an ihrem hertzoglichen Hofe getragen, wo sie auch eine Theaterdirektorin gemacht hett. Und ihr Bruder sey der Onkel Tschesi und sey Cardinal worden, weil der Papst sein Vathern gewest***.

Und wie sie solchs dahingeschwätzet, ist mirs am End doch zuviel worden und hau auff den marmornen Gartentisch, dass mich die Hand geschmertzet, und brüll sie an:

»Jetzo hörest mir aber auff, Lutscherl. Bin zwar nur ein lässlicher Cattolick und hab auch schon viel krumme Ding gethan in meinem Leben und Bambsen auff die Welt gesetzet, die nit von meinen Weibern gewest. Doch lass ich solchen Frevel auff einem heyligen Vater nit sitzen, dass er dir Onkel und Tanthen gemachet. Das gehet als Verläumdung über des Huthes Schnur!«

Nunmehro hat sies Schreyn angefangen und saget, ich sey ein blöd ohngebildts Mannsbild, da ich von alledem nit das mindest wüsst, da doch an allen Höfen Europens davon würd getratschet.

* *Michelangelo Buonarotti (1475—1564).*

** *Diese Bemerkung Schwärtleins ist insofern interessant, als sie damit das Renaissancezeitalter als die Zeit eines frühen Wirtschaftswunders zeigt, in dem gewisse personelle Engpässe, wie heute, bestanden haben.*

*** *Offenbar handelt es sich um die Geschwister Lucrezia und Cesare Borgia aus dem durch viele Untaten berüchtigten Geschlecht.*

Brüll wieder ich:
»Verkehr Gottlob nit an Höfen, sondern nur in anständiger Leuth bürgerlichen Stuben. Und hab meine Bildung beim Magister Hochmuth bezogen, der mich vier Jahr in Lesen, Schreiben, Rechnen und Leuth bescheyssen unterwiesen. Doch so die Leuth anschwärtzen, hat mich im Neustättel freylich keiner gelehret.«
So ists hin und wieder gegangen, bis sie mich schliesslich voller Misstrauen fraget, was denn meine eigentliche Profession gewest, da ich nur immer gesagt, ich hett geistlig werden sollen von der Mutter her und wär dann unters Kriegsvolck gerathen und hett dorten reüssiret, dass ich eine höhere Stell allda bekleydet. Denn da sie sich schon immer so feyn gethan, hatt ich verschwiegen, dass ichs bestens zum Caporal gebracht, und war ja der Sitz auff der Marcketenderin Kutschenbock ohngelogen eine höhere Stell.
Jetzo aber hab ich keine Schonung mehr gekannt, sondern sag ihr rund und klipp, dass ich Lehrling gewest in einer Gerberey daheym, hernach Gesell und am End bin Meister worden. Und schilder ihr auch recht voll Lust die stinckenden Häutt, so in der Gerberbrüh geschwommen, und wie ichs gern gehabt, wenn die Loch gedufftet, und wär mein Gestanck denen Maidlein daheym doch wolgefällig erschienen, da ich schon dazumahlen ein rechts Mannsbild gewest, wie ichs ja auch ihr bey mancherley Gelegenheiten nachdrücklich bewiesen.
Hab noch nit den letzten Auffschnauffer gethan, da geschieht was. Fallet die Lutschia dieses Mal zwar nit in eine Ohnmacht, sondern springet auff mich los und watschet mich hin und her und her und hin, und bin ich drob so erschrocken, dass ich sie gar nit abgewehret und hat mir von ihrer Watscherey das lincke Ohr geschmertzet, als hetts mir das Trommelfell zerschlagen. Und hett keine Viehmagd bei den Bauren daheym oder keine Lagerhur so kräfftig und ohn Scham watschen können wie selbigs Maidel, dessen Grossvater noch als Fürst in Wien thätig gewest. Und war

sie danach weg und hab sie wiederumb zween Wochen nit gesehen, da sie sich in ihren Stuben und Schlafkammern eingeschlossen und keinem gezeiget.
Bin nun doch ein wenig bös mit mir selber worden, da ich wol kein Maidlein würd wiederfinden, das so eine weiche Hauth gehabt und soviel raffinierte Süssigkeiten im Bette gewusst. Dafür hats auch im Hafen zu Napel keinen Ersatz geben, wohin ich mich nun mit meinem Beppo wieder alle Täg und Nächt gewendet, und seind offt erst beim Auffgang der güldenen Sonn in unser Kastel am Possilipp gekommen.
Wär auch möglicherweys noch einmal alls guth geworden, wenn nit das Stubenmaidel und die Kammerfrau fast am nämlichen Tag vom Beppo niedergekommen, was das klein Männlein mit grossem Stoltz erfüllete, das Lutscherl aber arg verdrossen, da das Kastel jetzo ein eintzigs Wochenlager gewest.
Und sag noch ohne Arg zu ihr:
»Wär guth, wenn du jetzo auch von mir einen Bambsen kriegtest, dann hetten wir Drilling im Haus, wie ich sie meiner Marthe daheym als erstes gemacht. Und wär solchs ein rechter Segen für dich.«
Und hat sich die Lutschia dieses Mahl weder in eine Ohnmacht begeben, noch mir Schimpff angethan, sondern nur still geweynet und gesagt: Jetzo wär alls aus und müssten sie all beyd verlassen, der Beppo und ich. War auch voll fürstlicher Grossmuth und hat mich noch einmahl in ihr Bett lassen, die ohnziemlichen Hosen ausgezogen und mir alls an Annehmlichkeiten erwiesen, dessen sie fähig gewest, und hab solche Lustbarkeit hernachen auch nie mehr erfahren.
Da wir gingen, durfften wir all unser Kleider behalten, so wir am Leybe getragen — ich und mein Beppo. Und hett mir das Lutscherl ein Säcklein mit Golddukaten und ein Päcklein in die Hand gedrücket und noch einmal ›Muckl‹ gesagt, so schön wie in der ersten Nacht hinterm Kloster.

Dann schlugs die Pfordten zu, und wir Zween stunden drausst in der frembden rauhen Welth.
Hab sogleych das Päcklein auffgemacht, worin für jeden von uns noch ein zweyts Hembde gewest. Seind mir die Thränen geronnen vor Schmertz und Wehmuth und da ich thief beweget war von des schönen Maidleins Grossmuth. Meinete auch, dass wir das zweyt Hembd kunnten guth verkauffen, so wir einmal in Noth geriethen, und sag:
»Hab noch nie ein zweyts Hembd besessen in meinem Leben.«
Und der Beppo antwort:
»Hab früher gar keines gehabt.«
Also haben wir beyd in schöner Eintracht den Marsch ins Napel und in ein neus Leben begonnen.

## Das dreyundzwantzigst Capitel

*Was uns bey einer napolitanischen Officirsdamen zugestossen, wie uns ein Schiffbruch heymgesucht und wir dennoch gerettet worden.*

Seind am napolitanischen Hafen spatziret, darinnen ein ungeheuer Leben gewest, da dorten immer Schiff seind angekommen aus aller Herren Länder, und hats ein Gewimmel von merckwürdigen Menschen allda gegeben, die viele Sprachen gesprochen und unterschiedlich gefärbte Häutt hatten. Müssen wir zween ausgesehen haben wie ein reicher Herr, der zu seiner Lust und Ergetzen in der Welth herumbgereyset und seinen Diener bey sich hett. Würd niemand gedacht haben, dass wir noch das Jahr zuvor uns als arme Caplän haben fretten müssen, indem wir für noch ärmere Seelen die Messen gelesen und die Kertzen gestohlen.

Da wir also lustwandleten und uns all die Sonderbarkeiten betrachtet, macht sich ein Jüngfferlein an uns heran. Hattens jedenfalls für ein solches gehalten, da das Ding noch nit sehr entwicklet gewest und schwartze Kulleraugen gehabt, daraus die reynste Kinderohnschuld zu gläntzen schien. Ist das Maidlein sehr höflich gewest und fraget auff die italiänische Sprach, ob wir frembd zu Napel seyn und etwa ein Quartir sucheten. Der Beppo saget nit ja und nit nein, sintemahlen wir in meinem Beuthel genug güldene Ducaten hatten, umb uns in einer guthen Herberg einzuquartiren.

Plötzlich lauffen demselbigen Maidlein die Thränen herab und sagt sie, ihr Vater sey ein gar tapfferer Officir gewest in der bourbonischen Armee, mit vielen Orden decoriret, und sey aus dem Feldzug nit heymgekehret. Nun müsset die Mutter, wiewol ihr solches nit an der Wiegen gesungen, ihr nobels Quartir an Frembde vermiethen, und da wir anständig aussähen und gewiss wüssten, wie wir einer Dame hetten gegenüberzuthreten, möcht sie uns gar hertzinnig bitten, doch bey ihnen zu wohnen. Und wiewol ich dem Beppo noch gesagt, ich würd am liebsten hier am napolitanischen Busen im Freyen schlafen, da alls so warm und heiter sey und noch die Erd geheitzet vom Fesuff, haben wir uns doch vom Schmertze des Maidleins rühren lassen und seind ihr zum Hause des Officirs gefolgt.

Ist kein guthe Gegend allda gewest und hat man in der engen Gassen keinen Himmel gesehn, und ist einem immer die dreckige Soos auffn Kopff getropffet, da sie überall Leinen über die Gassen gespannt und ihre Hembden und sonstige Wäsch daran getrücknet, was mir ist als ein rechte Sauerey erschienen. Hat auch die finster Treppen, darüber uns die Tschuljette* geführet, wies Maidel sich nennete, garg geknartzet, und ist droben ein gross leere Stuben gewest, darin nur zween Betten gestanden, mit nit sehr sauberer Wäsch und zween Stühl, die wackleten, so man sie nur ansah.

Und war die Wittib des Officirs ein fetts Weib, wol nit viel über viertzig, doch hingen ihr die speckichten Haar ins Gesicht, und hat sie ein kreischend Stimm gehabt, womit sic uns voll Überschwangs begrüssete und gedanckt, dass wir gekommen. Hat auch Thränen ausserlassen wie ihr Kind, und gedacht ich voll Wehmuth meiner süssen Lutschia und der marmornen Säl und gar der Badewannen am Possilipp. Und ist noch ein Marcketenderwagen bey denen Landsknechten ein herrschaftlich Wohnung gewest gegen solche zigeunerische Wirthschaft.

Da wir aber wollten umbkehren und uns entfernen, haben die zween Weibsleuth ein Lamento angefangen, wie ichs

* *Richtig Giulietta.*

noch niemahlen erlebt. Schmiss sich das dicke Weib auffn Boden, der von Steyn gewest, und umbschlingt des Beppo Beine, saget ihr Mann sey ein grosser Capitano von hohem Adel gewest und hett sein Leben fürs Vaterland geben — wiewol wir jetzo meinen, er müsst ein Räuber gewest sein und haben am Galgen geendet. Gott und die heylige Jungffrau würdens uns anrechnen und ein Ehrenplätzlein im siebenten Himmel bereythalten, so wir ihr und dem ohnschuldigen Kinde hülffen. Nun stunden wir bey denen Himmlischen nit grad im besten Geruche, da wir mancherley gethan, was nit gantz der heyligen Lehr entspricht, und sageten also Ja. Hettens nit thun sollen.
Fing schon am selbigen Abend an. Da wir viel in der Statt herumbgeloffen und sehr müd gewest und mir auch der Abschied vom süssen Lutscherl noch immer Kummer bereytet, gingen wir früh zu Bett. Seind aber kaum in derer nit sehr appetitlichen Liegstatt, als sich bey mir leget die Vettel dazu und beim Beppo das Maidlein. Worauff wir hefftig protestireten. Und sagten die Weiber, es sey ihnen selber ohnangenehm, da so ihre Armuth würd offenbar, doch könnten sie sich erst wieder besser installiren, wenn sie öffter anständige Miether gehabt hetten. Denn es seyen ihnen all ihre wunderbaren Möbels gepfändet worden nach dem Hinscheyden ihres adligen Capitano. Und wüssten ja auch, dass wir anständige Herren von Welth seyen, so einem ohnglücklichen Weibe nit noch mehr Ohnglück schüfen.
Haben wir uns mit Seufftzen ergeben. Ruf ich nur vorm Einschlafen dem Beppo auff teutsch zu, dass wir uns nit dürfften verführen lassen, auff dass wir mit denen, welche ich zu misstrauen begann, nit in Ohngelegenheiten kämen. Denn es ward eben in Napel viel davon erzählet, dass die Soldaten des allerchristlichsten Königs von Franckreich eine Seuch verbreyteten, welche darumb auch die frantzösische Kranckheit genannt wurd und schon einmahl von frumben Kreutzrittern aus dem Orient eingeschleppt worden und Siechthum bracht bis zum Todte.

Haben unsern Vorsatz auch gar manche Nacht threulich bewahret, und ist nur insofern eine Änderung gethan worden, da sich mir als dem grossen starcken Manne das dünne Frauensstück von Tochter beygeleget und dem kleinen Italiäner die mächtige Wittib. So hat sichs besser ausgeglichen, und haben wir auch wacker unsern keuschen Schwur gehalten, wiewol die Weiberleuth in den Nächten offt geseufftzet und sich an uns hingedrücket, auch die Nachtgewänder in denen schwühlen napolitanischen Nächten von sich gethan. Doch haben wir solchen Versuchungen tapffer widerstanden wie der heylige Antonius, der eben drumb zu Heyligkeit gelangt, welche wir erst zu erwerben gedachten. Seind übrigens gantz schön geschröpft worden von den Weibsleuthen und haben für das Wantzen- und Flöhparadies manch güldenen Batzen hinterlegen müssen.

Ist aber wieder eine Nacht recht schwühl gewest, dass mirs Wasser von der Stirn troff, unds Maidlein nackend neben mir gelegen. Fänget sie plötzlich curiose Spiel mit mir an, als da ist ........*. Merck darann, dass, ohngeachtet der gespieleten Ohnschuld, die Jette ein ganz ausgepuffts Luder gewest, und hab also meinen Schwur gebrochen. Darauff schreyt das Miststück wie am Spiesse, rufet die Mutter aus des Beppo Bett herbey, und hat sich nun ein furchtbars Theater abgespielet.

Drohete die Mutter, sie würd zur Politzey lauffen und mich wegen der Schändung einer ohnschuldigen Jungffrau von minderem Alther zur Anzeige bringen, was nach napolitanischem Rechte ohnfehlbar am Galgen gesühnet würd. Seind wir schön drin gesessen, und wars nit sehr erquicklich für mich, dass ich, der ich bereyts mehrmahlen dem Hochgerichte entronnen, ihm nun just dort zur Beuthe werden sollt, da ich mein feinst Leben geführt, und könnt die Lutschia meinen armen Leib als Wetterfahnen hengen

* *Da diese schmutzigen Dinge ohne kulturhistorisches Interesse sind, glaubt sie der Herausgeber weglassen zu dürfen.*

sehn, die ihr saget, ob sie morgen müsst mit dem Regenschirm spatziren gehn.
Haben also das Verhandeln angefangen mit der Vettel, wobey ich immer wieder durch den Beppo hab sagen lassen, dass das Hurenstück von Tochter mit der Ohnkeuschheyt angefangen. Doch haben sie erst Ruh geben, als ich ihnen den gantzen schönen Rest meiner güldenen Batzen ausgehändigt, und seind wir noch in selbiger Nacht auff und davon, haben im Hafen eine offene Bottegen gefunden, wo wir unsere zweyten Hembden verkaufft und vom Erlöse bis zum Morgen durchgesoffen. Hab also am nächsten Tag auch noch mein herrschafftlich Wams dran gegeben, dass wir davon kunnten etzliche Täg leben. Und hetten uns selber mögen zu Todte watschen, dass wir denen Betrügerinnen, so gewiss nit einmahl Mutter und Tochter gewest, auffgesessen und ihnen all unsern Reichthum hingeschmissen. Seind damit belehrt gewest für alle Zukunfft.
Ist nun in besagter Bottegen an einem Abend ein Mannsbild auffgetauchet, so nur ein Aug gehabt und bedrohlich ausgesehen. Ist ein Seemann gewest und nennet sich Capitän und sagt, dass er ein Expedition ins Africanische vorhett und brauchet dazu tapffer ohnerschrockne Mannsleuth, so in kurtzer Zeyt möchten über die Maassen reich werden. Denn es sey dieses Africa ein gar wunderbars Land, da alle Weiber nackend liefen, und kunnt man so all ihre Vortheile auffs best erkennen, zumahlen ihre schwartze Körperfarb solche noch hervorhüb. Und kauffete man nie die Katz im Sack wie hierzulande, wo sich offt unterm auffgeblähten Kleid- und Miederwerck der schiere Mangel verberg und manch einer ihn erst bemercket, nachdem er ihn vorm Althare auff ewiglich erworben.
Auch lieffen allda die werthvollsten Thier auff den Gassen und in den Wäldern herumb, als da sein Eleffant, Tiger und Löw. Müsst man nur ein grosse Gruben machen, da sie hineinfielen und sie am nächsten Tag wieder herausholen und metzgen, was auch nit schlimmer wär, als wenn

man eine Sau oder einen Ochsen metzgert. Dabei genügeten schon die Zähn eines Eleffanten, Helffenbein genannt, umb einen Mann reich zu machen, desgleich eines Löwen Fell und die Haut des gefleckten Lepardls, so die kostbarsten Peltz für Königinnen und Fürstinnen ergäben, welche diese auch theuer bezahleten.

Da musst ich wieder in Trauer an mein schöns Fürstenkind dencken, das mich einstens Muckl genannt, und ist uns doch nur übergeblieben, dass wir uns dem Capitän verdingeten, wiewol der Beppo geweynet und gefleht, dass er nit ein zweyts Mahl wollt mit dem ohnguthen Ocean Bekanntschaft machen, da er schon vor Ravenna beynah wär ersoffen. Aber als ich ihm gesagt, dass ichs dann müsst alleyn thun, hat er sich in sein Loos ergeben, zumahl der Capitän geprahlet, dass sein prächtigs Schiff schon über fünftzig Jahr die Meer durchfahren und allen Stürmen Widerpart geboten.

Haben wir also das Handgeld genommen und seind an Bord gangen. War aber die ›Santa Maria‹ ein erbärmlicher Seelenverkäuffer und die Matrosen ein wüsts Volck von Hispaniolen, Mauren und Chinesern, welche in allen Sprachen durcheinander geschwatzt und Lieder gesungen, dagegen mein Pfanneflickerlied ein Liedlein für ein adligs Mädchenstifft gewest.

Seind ins Meer gestochen an einem Tage im August, und ist auch alls guth gangen, da wir Sicilien umbschiffet, allwo wieder ein riesenhoher Berg gewest, so Feuer gespieben, und hat Schnee droben gelegen, dass man nit verstund, wie solcher von der Hitzen nit geschmoltzen. Der Capitän ist ein rohes Schweyn gewest, so uns mit einer neunschwäntzigen Katz aus Leder geprüglet, und der Frass war ärger denn im päpstlichen Kercker zu Rom. Ist uns Zween gar nit geheuer gewest, dass wir mit solchen müssten Eleffanten und Löwen metzgen und wers uns auch mit denen nacketen Weibern verdriesslich gewest, seit wir solche Anständ mit den Satansmenschern im Napel gehabt.

Hat sich aber wohlthätig ein Sturm erhoben, da wir uns einer Insul genahet, so Maltha geheyssen und liegt halbwegs gegen den Erdtheil Africa. Ist unser jammervolls Schiff gebeutlet worden, dass wir ohn Unterlass gespieben, und wars nit schad umb den Frass, den wir zu uns genommen. Hats uns auch die Segel zerfetzet, die nur Plunder gewest, und den Mast zerbrochen, bis das Meer das beschissen Fahrzeug endlich völlig zu sich genommen. Und war ein Gebrüll und Geschrey von denen Mauren, Chinesern und Hispaniolen, weyl keiner von ihnen schwimmen kunnt, und seinds schön nacheinander versoffen, wie sies nit besser verdienet. Als erster hatt der Capitän versuchet, sich zu retten, und ist schon über Bord gesprungen, als das Segel zerschlissen. Und mag selbiger wol auch durch Schwimmen das malthesisch Land erreicht haben.
Danck meinem Kastenteiche hab auch ich schwimmen können und hab mein kleins Italiänerlein huckepack genommen, da mirs Bübel Schang gefehlt, dass wir es hetten auff Händen tragen mögen. Und haben uns die lieben Engel beygestanden, zu denen der Beppo ohn Unterlass geschrien und gebethet, als da ist ein Schiff von Maltha ausgefahren und hat uns auff seinem Wege auffgefischet.
War dieses aber ein türckisch Schiff, und haben die Seeleuth drauff zu Mohammed gebethet, welchen sie für ihren Gott gehalten*. Und hat selbiger uns auch recht ordentlich und ohn Ohnfall übers Meer gebracht.

* *Irrtümliche Auffassung von Sch.*

## Das vierundzwantzigst Capitel

*Worinnen ich den ersten Caffee trinck und ohn Schädigung meins Leibes zum Eunuchen gemacht werd.*

Da unser napolitanisch contässliche Kleydung vom Saltzwasser verdorben, haben uns die Türcken reinliche Sachen geschenckt, so auch weithe pludrige Hosen, wie sie selber trugen, und haben sich der Beppo und ich ausschütten mögen vor Lachen, da wir einander in derer Auffmachung gesehen. Haben uns auch Arbeyt geben auff dem Schiff, dem Beppo in der Kuchel, welches für uns beyde von Vortheil geworden, und mir, da ich starck von Kräfften gewest, drunten, wo die Ladung war geschichtet.

Selbige bestund aus Säcken mit einer mir noch ohnbekannten grünen Frucht, und hab ich einmahl davon probiret, da etwas auff die Erden gefallen, und hats gantz abschäulich und zuwider geschmeckt. Haben uns auch die Säck viel Ärgernis bereytet, weil bey dem Sturm, welcher uns noch bis in die Meerstrassen von Otranto verfolget, selbige offt weggerutschet und musstens immer wieder neu schichten, damit nit das Schiff zur Seyten kippete. Wie wir dann im Adriatischen Meer gewest, ists ruhig worden, seind aber nun nit mehr vorangekommen, da die Segel schlapp am Maste gehangen, und hats bloss umb die Morgenstunden einen kleinen Hauch geben, so uns nur umb ein weniges vorangebracht.

Jauchtzete da mein Hertz, als ich sah, dass die Fahrt gen Mitternacht ging und nit gen Auffgang ins türckische Constantinoppel, wie ich wol befürchtet hatt. Meint in meinem Übermuthe schon die Heymatlufft vom Neustättel zu riechen, vom Kesselberge und vom Kastenteiche, und da es von den Gerbereyen her gestuncken. War aber doch die südländische adriatische Lufft, und haben wir faul auffm Deck gelegen und uns die Bäuch von der Sonn verbrennen lassen und bin dabey ins Träumen und Spintisiren gekommen.

Dacht darüber nach, wie sehr ich doch nun aller Abentheuer überdrüssig geworden, woran zuletzt die abschäulichen zween Weiber in Napel die grösste Schuld gehabt, und mocht auch nit mehr unter die Soldaten gehn. Das mag jungen Burschen frommen, die noch an einem wilden Leben — Sauffen und Huren, Brennen und Plündern — ihre Freud haben. Wird ein Mannsbild älter, verlierts das Vergnügen daran, es sey denn, dass es ein Feldweibel oder gar Officir geworden und hett keinen anständigen Beruf erlernet. Ich musst lachen, wenn ich daran gedacht, wie sich wol mein gewesener Feldobriste anstellen würd, so er einmahl mit seiner Hände Arbeit müsst im Gerbertrog die Häut umbrühren. Ist eben die ehrliche Arbeit eins, und das Soldat sein ein gantz anders.

Kommt eines Tags, da ich alleinig an der Schiffsspitzen in der Sonn gelegen, der Beppo aus seiner Kuchel herauff und bringet mir ein Schälchen, darinn eine schwartze Flüssigkeyt gedampffet.

»Trinck«, sagt er.

Ich trincks und habs sogleich von mir gespieben, da es bitter wie Gallen gewest.

Da rühret der Beppo drinnen mit einem Löfflein, und als ich wieder trinck, hats gar köstlich geschmecket, ohnvergleichbar mit jedem andern Flüssigen, obs Suppen, Bier oder Weyn gewest.

»Caffee heyssens die Türcken«, gibt er zur Antwort, »und dürffen wirs alleyn für den Capitän zubereyten. Doch da ichs abschmecken muss und es selbst auch für köstlich befunden, wollt ich, dass es auch mein Camerade kennenlernt.«

War drob sehr gerühret und frag den Beppo, woraus sie

denn solchen Tranck gewönnen, und antwortet er, selbiger käm von denen grünen Früchten, die ich drunten einmal im Lagerraum gekostet. Dürffts aber nit so roh essen, sondern müssten die Frücht erst rösten und hernach zerstampffen und danach in einem siedenden Wasser kochen und Zucker hinzuthun, was gewiss alls recht umbständlich sey, doch das allerbest Ergebnis hett, da solcher Caffee nit nur trefflich schmecket, sondern auch munter und fröhlich machet, den Muth befeuret und den Geist beflüglet. Und hab dies später noch zu einer Zeit genugsam erfahren, da selbiger Caffee mein Schicksal geworden.

Hats wol guth einen Monath gedauret, bis wir Land gesehen, und sagten die Croathen, so auch unter der Mannschafft gewest und ein wenig italiänisch gesprochen, zu meinem Freund Beppo, dies Land bestünd aus viel hundert oder wol gar tausend Insuln, welche man die dalmatinischen heysset, und würden wir allda an einer grossen Insul landen, darauff sich ein prächtigs Schloss befänd. Und gehörete dieses Schloss einem Fürsten und Pascha, der ein hochberühmter Kriegsheld sey und Gold und Edelsteyn besäss, wie andre Leuth Kieselsteyn, und könnt sichs so auch leisten, dass er seine Schiff nach Afria schicket, umb sich von dorten den Caffee zu holen. Und hielt wol ein halbs hundert Weiber in seinem Schlosse alleyn zu seiner Lustbarkeyt und hiessen die Türcken solchs ein Harem.

»Gehts schon wieder mit denen Weibern an«, seufftz ich, da ich meine Nathur gekannt und ohndies vom langen Fasten schon ein wenig kribbelig am Leibe geworden.

»Wirst bey denen vom Herrn Pascha kein Glück haben«, meinet drauff der Beppo, denn er hatt von den Croathen erfahren, dass selbige Weiber wurden immer unter einem schier klösterlichen Verschluss gehalten und dürfften kein anders Mannsbild sehen, so sie nit wollten den Kopff verlieren.

»Ich verlier aber erst recht meinen Kopff, so ich nit zu denen Weibern darf«, antwort ich dem Beppo schertzweis,

»und hab doch schon einmahl ein Maidlein ausm Kloster geholet.«
Da ist er wieder voller Edelmuth gewest und sagt, so er könnt, würd er mir auch diesmahl dabey helffen. Und hat vielleicht gedacht, dass es auch da eine Kuchelnonn gäb, die er schwängern kunnt.
Seind auff der Insul gelandet, und war umb das Schloss vom Pascha eine riesig hohe Mauer, mit Eysenspitzen geziret, und ist da auch ein Parck drumbgwesen mit viel Busch- und Baumwerck, sodass man nit sehen kunnt, was sich drinnen begäb. Waren die Dienstleuth, denen wir nun auch zugetheilt worden, in Häuslein untergebracht, weith abgelegen vom selbigen Schlosse, und haben dort arbeyten müssen in der Kuchel und Holtz hacken und putzen und fegen, da es ausserhalb dem Schlosse nur Mannsbilder gegeben, denn das Erlustiren mit denen Weibern hatt sich der Pascha allein vorbehalten.
Und ist selbiger just wieder auf einem Kriegszuge gewest, und hats geheyssen, die Türcken naheten sich schon dem kayserlichen Wien und würds nit mehr lang dauren, bis sies gantze Teutschland regireten. Dann, denck ich mir, werdens auch in St. Johannis daheim zum Mohammed bethen* und sich gen Auffgang niederknien, und wird auch jeder Teutsche sein Harem haben und seinen Caffee trincken. Guth, dass mein Mütterlein seelig solchs nit mehr musst erleben, da sie immer gräuliche Ding vom Heyden und Grosstürcken prophezeyet, dass solcher am End aller Tage die Welt regirete und Sünd und Ohnzucht drüber brächt.
Nach eben solchen aber fings mich wieder an zu lüsten, da ich manchmal die Weiberlein vom Herrn Pascha hört hinter der Mauer lachen und gicksen, und hörete auch, dass sie im Wasser plantscheten und einander angespritzt. Da man aber solchs nit eben mit vielen Kleidern am Leibe thut, bin

* *s. a. a. O.*

ich gantz blöd und rammlig worden und wusst nit, was dagegen geschehen kunnt.
Erfährt aber der Beppo von seinen Croathen, dass just umb die Zeit der Mann gestorben, so im Harem die Auffsicht geführet und die Weiber, welche offt arg ins Streiten gekommen, in Ordnung hielt. Musst sich dann offt mit allen Leibskräfften dazwischen werfen, wenn sie wie die Katzen miteinander gebalget. Sollt nun ein neuer Auffseher gefunden werden, so man den Herrn Eunuchen nennet, wollts aber keiner von denen Männern auff der Insul thun, auch die Türcken nit, da ein übel Bedingnis dabey sey.
»Ach«, sag ich, ohn Ahnung, worumb sichs gehandlet, zu dem Beppo, »werd schon die Bedingnis auff mich nehmen, so ich den schönen Posten bey denen Weiberlein krieg. Hauptsach, dass ich an denen mein Freud hab.«
»Wird aber jedem der Kopff abgehacket, so an diesem köstlichsten Besitzthum des Herrn Pascha irgendein Veränderung vornimmt, lautet das Gesetz«, sagt drauff der Beppo.
»Sich mit denen Weiblein erlustiren, ist das ein, und sich erwischen und den Kopff abmachen lassen, das ander«, meinete ich dawieder.
Meldt mich also der Beppo bey des Herrn Pascha Beamten und saget ihnen mein Begehr. Da freueten die sich sehr, dass die Weiber nit mehr ohn Auffsicht wären, so der grossmächtige Kriegsheld einmahl zurückkehret, und dass sie nit selber den Eunuch müssten machen. Liessen mir auch sagen, dass ich müsst zum Leibdocktor des Herrn Pascha gehn, welcher ein Italiäner wär, und sich drauff verstünd, mich amthsfähig zu machen, und würd selbigs Amth guth bezahlet und hett mein bests Essen mit viel Süssigkeiten, wies auch die Weiber im Harem bekämen. Ach, denck ich, da mirs der Beppo ausgerichtet, werd schon an den Weiberlein selbst genug Süssigkeit finden, dass er der andern gar nit bedarff. Dräng also drauff, dass wir zum Docktor gingen und der mich in die rechte Amtsfähigkeit versetzet.

Ist der Docktor ein alths Männlein gewest und freuet sich über alle Massen, als er im Beppo einen Landsmann findt. Erzählet auch sogleich, dass er im Venedig geboren wär und in Padua studiret hett, und sey er zu denen Türcken gekommen, als sie die venezianisch Statt Ragusa hetten besetzt und ihn gefangen genommen. Hett aber eine grosse Sehnsucht nach der Heymath und weynete schier, als ich ihm erzählet, wie ich auch das güldene Venezia kennet, in San Marco und auff dem Campanil gewest und allda auch manch hübsch verliebts Geschichtlein erlebet.

»Damit ists nun also am End«, lässt er mir durch den Beppo sagen, »und werdet ihr auch nie wieder ein Gelüsten nach solchem haben.«

»Oh«, sag ich, »drumb will ich ja ein Eunuch werden, dass ich ein wenig könnt Musterung halten unter denen Frauen und Maidlein, so sich der Herr Pascha hält. Und wärs doch auch für ihn besser, wenn sie in seiner Absenz nit gantz die Übung verliern.«

Da beginnt das althe Männlein zu klagen und lamentiren und sagt, ich wisset demnach wol nit, worinn ein Eunuch bestünd, nemlich eben in der Abwesenheit dessen, was dem Mann und damit auch denen Weibern am Manne Freud bereytet. Dazu müsst er ein kleine Operation vornehmen, und ich würd danach mit einer hohen Stimm sprechen wie ein Weib und nie mehr nach einem Weibe Begehren tragen. Jetzo war guther Rath theuer, da ich mich zu solchem nit bereitfinden kunnt, und hab ich auch schon aus freyen Stücken auff den Posten Verzicht thun wollen, als meinem klugen Beppo ein Einfall kam. Er fraget den Docktor, ob er mir nit die hohe Stimm allein schaffen und mir das ander lassen könnt.

Da wurd der Docktor wiederumb betrübt. Er meinet zwar, zu einer hohen Stimm könnt sich einer selber verstellen, doch wenn er mir das ander beliess, würd ich gewiss Ohnheyl damit anrichten, zumahlen die Haremsweiber im Schloss nur dünne Gewänder aus Schleyergeweb trügen und im Parck sich sogar nackend im Weiher erlustireten. Da könnt ein Mann gewiss nit zuschauen, ohne sich zu verrathen. Und käm einmal solches auff, da es unter denen Weibern immer böse und neidisch Exemplar gäb, welche die andern verpetzeten, dann würd uns der Herr Pascha gewisslich allen den Kopff abhacken lassen, zumahl er immer den Profossen mit dem Richtschwert bey sich hett, wenn er auff Urlaub käm.

Nun war aber dazumahlen der Pascha samt seinem Profossen weit und die lieben Weiberlein nah, und ich bin der Meinung gewest, umb einer solchen Lustbarkeit willen, lohnt es sich schon, seine gesunden Glieder zu riskiren, bis auff das eine, das mir der Docktor freylich nit beschädigen dürfft. So sag ich, dass ich und der Beppo zween kräfftig Mannsbilder wärn und seit jüngstem auch in der Navigation erfahren. Wüssten auch, wo des Herrn Pascha Schiffe im Hafen gelegen und hetten Vertraute unter denen Schiffsleuthen. So würden wir gewiss gen Venedig entrinnen, falls der Pascha sich nahet, und ihn mitnehmen, so er es wollt.

Da seind dem althen Männdel die Thränen geloffen, dass er sein geliebtes Venezia könnt also wiedersehen, und ist von Stund an unser Verbündeter worden. Hat also nur ein Certificat ausgestellet, worin er auff türckisch geschworen, dass er mich zum Eunuchen gemacht und das Entsprechende wegoperiret. War aber ein Christ und hat mirs lassen. Und hab damit noch viel Freud gehabt im Leben.

## Das fünfundzwantzigst Capitel

*Wie ich eine Haremsdam aus Leipzig kennenlern, mit ihr über die Mauer geflohen und politisch Asyl erbethen.*

Ich schwörs beim ††† Höllenteuffel, dass es, neben des Herrn Papstes Verliessen zu Rom, mein schlimmste Zeit gewest, da ich mich auff der dalmathinischen Insul als Eunuch musst bethätigen. War schon arg genug, dass ich immer die hohe Stimm gebrauchen musst — habs mit dem Beppo zuvor weydlich geübet und haben viel gelacht dabey. Doch ist mirs Lachen vergangen, als ich es in des Paschas Harem hab anwenden müssen. War mir zwar im Amthe das Reden mit denen Weiberleuthen gäntzlich verboten, doch was willst machen, wenn die Drecksstück seind zänckisch wie die Affen und sich übereinand herkugeln und kratzen und beyssen einand. Da kannst nur mit all denen holden Wörtlein dazwischen fahren, so man einmahl auff dem Casernhof wider dich angewendet. Aber ein Arschkopff oder Baurensau verlieret jeden Effect, so man sie mit einer hohen feynen Stimm muss sprechen. Solls einer versuchen, der solches liest.

Seind ja die Säl des Palasts, darinn die Weiber — seind ihrer 42 Stück gewest — ihren Auffenthalt hatten, über die Maassen prächtig gewest, die Wändt mit Edelsteyn besetzet, und auff kleinen Tischlein von kostbaren Steynen und edlen Höltzern ist überall schwer güldens Geräth gestanden von der allerfeynsten Arbeyt, dergleichen ich noch niemahlen gesehen. War noch meines Lutscherl Kastel zu Napel ein schlicht neustättischs Bürgerhaus gegen solche Pracht.

Doch haben mir alle Freud die Weiber verdorben, so auch

mit dem güldenen Geräth widereinander geschmissen und es behandleten, als obs der schiere Dreck wär. Und ist auch das merckwürdig gewest, dass all die Ding, so mich bey einer eintzigen Frau bis zur Raserey hetten gereitzet, nun mich auff einmahl kalt gelassen, da sie zweiundvierzig Mahl vorhanden, und obgleich sie in allen Farben gewest, weiss, braun und schwartz vom Africa. Hab mich aber nit umb ihre Farben geschieret, sondern denen Weiblein die Ärsch verdroschen, wies nöthig gewest, da man sie anders nit hett zur Ruh gebracht.

Und hats mich auch nit gescheeret, wenn ich dabey an ihre Zierstückleyn gekommen, die sie allweyl höchstens unter dünnem Schleyerwerck gethragen, wenns nit gantz nackend gewesen seind und untern Springbrunnen gehüpffet oder im Weiher gebadet. Hab manchmahls Fürchten angefangen, dass ich schon vom blossen Certificate, welches mir der venezianische Docktor ausgestellet, wär ein Eunuch worden, und hab drüber mit dem Beppo geredet, welchen ich nur heymlich nächtens an der Mauer kunnt sprechen, da er nit herein gedurfft in den Harem und ich nit hinaus. Und hat der Beppo mich als guther Camerad getröstet.

Wär vielleicht in solchem .......* Frauenhause elend zugrund gangen, wenn nit eines Tags, da die andern Frauensstück wieder einmahl in wüsten Hauffen umbeinand gekuglet, eins der Weiblein wär zu mir gekommen, welches ich noch nie angefasst, da es sich immer wolanständig betrug. War solches nit mehr recht jung, und ist sein beste Zeit gewiss vorbey gewest. Ist aber, wie ich nachher vom Beppo erfahren, eben diese lang des Paschas Lieblingsfrau gewest, aber später von selbigem nur noch bey Gelegenheit verwendet worden, wie man beim Militair im Nothfalle auch die älteren Leuth von rückwärts heranziehet**. Und hat mir dies Weiblein, so die eintzige Teutsche gewest un-

* *Ordinärer Ausdruck.*

** *Von Sch. wohl scherzhaft gemeint als eine Art Eingreifreserve.*

ter denen vielen Nationaliteten, nach und nach ihre Geschicht erzählet, da sie meine teutsche Herkunft an denen Schimpffwörtern erkannt, und will ichs so auffschreiben, wie sies gesagt:

»Mein Nam ist Anna Petersilge und bin daheim in der prächtigen Statt Leiptzig, so am Pleyssestrom gelegen. Allda hatt mein Vater ein gross Geschäft in feinen Peltzwaren, welche fürnehmlich aus Russland und Sibirien gekommen, und nannten sies daselbst Rauchwaren, wiewol es nit mit Rauch zu thun hett. Seind nun zu denen hochgerühmten Messen, da mein Vater selbigs kostbare Peltzwerck verkauffet, Händler und Kauffleuth, aber auch grosse Herrn aus aller Welth gekommen, umb sich und ihre Gemahlinnen daheym mit solchem zu befriedigen. Daselbst ist nun eins Tags auch erschienen der Herr Pascha mit einem grossen Gefolge von prächtig gewandeten Mannsleuth, so alle Schwerther trugen, die mit Brillianten und Edelsteyn besetzt waren, und ists Auffsehen nit gering gewest, da sie an meines Vaters Stand getreten. Kauffet der Herr Pascha auch die wunderbarsten Stück und zahlet alls in Gold, sodass meines Vaters Hertz wol gehüpffet. Und da des Pascha Diener just die letzten Stück zusammengerollt, ruft plötzlich ihr Herr auff türckisch:

»Packts Maidel mit ein!«

Und haben mich auch schon die Diener gegriffen und eingerollet. Fang ichs Schreyn an und tob und zeder, hat aber nit geholffen. Auch da sich ander Leuth wollten auff des Paschas Gefolg stürtzen, war vergeblich, da die Officirs von des Paschas Leibgarden mit ihren gezückten Schwerthern eine Gassen gemacht. Und habens mich mit aller Eyl hinaus transportiret, wo schon die Kaleschen des Türcken mit edlen Rössern gestanden. Hört ich noch das Gebrüll meins lieben Vätherleins, das mir ins Hertz geschnitten, aber nit geholfen. Hat ihm auch der Herr Pascha in seiner Grossmuth später eine Summe Goldes geschickt, wie sie in Leiptzig gewiss noch niemahlen für ein Bürgermaidel ge-

zahlet worden. Bin ich auch hierhergebracht worden ohnverzollet, da mir die Diener vor der Grentz immer einen Knebel in den Mund gethan und mich fest gewicklet, dass ich nit kunnt schreyen und aus denen Peltzrollen herausschauen. Und leb hier seitdem eilff Jahr als Gattin des Paschas und habs höchst Dienstalther jetzo im Harem.«
Hab nun die Anna Petersilge, deren Geschicht mich sehr gerühret, zumahl sie ein angenehm geformts Weibel gewest, nit wollen fragen, was mit denen Damen geschäh, so sie einmahl ausser Dienst gesetzet würden, und ob man selbige etwa ersäuffet. Und hab solches aus Zarthgefühl nit fragen mögen, sintemahlen mir andere Ding wichtiger gewest, und haben wir darüber die nächsten Wochen öffters heymlich reden können.
War nemlich die Anna, so die teutsche Sprach mit eben der feinen Anmuth und Lieblichkeit geredet, wie solches an Pleysse und Elster geschieht, das eithlen, nichtsnutzigen Lebens im Harem längst überdrüssig und hat gesonnen, wie sie solchem kunnt entrinnen. Und bin ich ihr ein Fingerzeig Gottes gewest, da ich ihre Sprachen geredet und auch einen Helffer ausserhalb der Mauer gehabt. Saget sie mir, dass sie in einem Köfferlein viel kostbars Geschmeyd besässe, so ihr der Pascha in ihren besten Jahren geschenkket, womit man gewiss ihres Vaters gantzes Peltzlager hett kauffen mögen, das man aber auch nutzen könnt, umb noch andere Helffer zu kauffen, die ihr zur Flucht beystehn kunnten.
Und hab ihr noch vom italiänischen Artzt erzählet, so unser Vertrauen besäss. Dass er an mir nit vorgenommen, was er mir certificiret, hab ich ihr freylich noch verschwiegen, da man nie weyss, wie die Weiber solchs auffnehmen, und hett sie sich vielleicht aus langer Entbehrung auff meine Mannbarkeit gestürtzet, und wenn solchs von denen andern einundviertzig wär bemercket worden, hetts können einen wüsten Auffruhr geben, bey welchem ich leicht hett Schaden nehmen mögen. War ihr aber der Bericht vom

Docktor lieb, da dieser aus Venezia gewest, welchs ohnehin müsst unser Ziel seyn, so uns die Flucht geläng. Und seys auch gar nit weit von den dalmathinischen Insuln bis zu des Doschen Statt.

Hat nummehro ein gross Conspiriren begonnen, und hat der Beppo gantz fürtrefflich gewürcket, da er Schiffsleuth bestochen und von denen erfahren, es sey wieder ein Schiff des Pascha mit africanischem Caffee auff dem Wege, und so man sich dessen mit Hülff der bestochenen Wächter bemächtigen kunnt, müsste wol gelingen, dass wir die Flucht mit dem Docktor, welcher voller Freuden wär, und mit dem Weiblein aus Leiptzig unternähmen. Ging gewisslich umb Kopff und Kragen, doch wär auch unser Peyn hier ohnvorstellbar, wenn der Pascha zurückkehret und uns und dem Docktor auff die Verschwörung und wol gar auffs falsche Certificat käm.

Auch die Anna begunnte nun sehr zu drängen, da sie gesagt, sie kennet die Perioden ihres hohen Gemahls und müsset nun die Zeyt nahe seyn, da sie abgeloffen und er seiner Weiber begehret.

»Heisst doch«, erwider ich, »dass er vor Wien liegt und die Statt belagert und hernach wills gantze Teutschland einstecken*.«

»Ach lehr mich den Dicken kennen«, antwort sie auf ihre lebhafft sächsische Weys, »wenn dems Gelüsten kommt, vergisset er alle andern Ding, auch Krieg und Politick.«

»Dann kunnts also sein, dass das christlich Abendland gerettet würd, weyls den obersten Feldherrn der Türcken zu seinen Weibern treibt?« frag ich voll Verwunderns.

»Nu, das sag ich doch«, bekräfftiget sie mit Nachdruck**. Und sahen solches an als ein Werk des HERRN, da die-

* *1529?*

** *Die Rettung des christlichen Abendlands nicht als eine Tat seiner Heerführer, sondern als eine Unterlassung des Gegners aus sexuellen Bedürfnissen zu erklären, erscheint sonderbar, jedoch des Nachdenkens wert.*

ser an denen muselmannischen Gebethen, so ein Priester auch auff unserer Insul beim Auff- und Niedergang der Sonn von einem dünnen runden Thürmlein* in den Wind geschrien, gewisslich sein Freud nit gehabt. Sondern mocht lieber Gebeth und Weihrauch aus denen Domen, wie sie nahe Ravenna und im Venedig so über alls Begreiffen schön und erhaben gesehen.

Ist ein später Sommertag von grosser Lieblichkeit gewest, da des Pascha Caffeeschiff nach glücklich bestandener Meerfahrt in den Hafen läufft. Habens all unsere Verschworenen erfahren, welche fünf Männer croathischer Nationalitet gewest, neben meinen beiden Italiänern — dem Docktor und dem Beppo. Und haben ihre Vorbereitungen getroffen und heymlich das Ihre auffs Schiff gebracht, das von den Wächtern wurd bewacht, so mit im Complotte stunden. Ist auch dem Beppo bereits überantwortet gewest das Schmuckköfferlein der sächsischen Anna, das ihr ob seines Reichthums eine sorglose Zukunfft versprach.

Hats der Zufall gefügt, dass die Haremsweiber am selbigen Tag besonders unguth gewest, woran ein böser Wind seine Schuld mocht tragen, den sie dorten Schirocko nennent, oder weil sie dringlich der leiblichen Ermunterung vom Herrn Pascha bedurfften. So hab ich ihnen denn, da ich zum letzten Mahle meinen eunuchischen Dienst bei ihnen gethan, all miteinander so die Ärsch versohlet, dass sie eine lang schmertzhaft Erinnerung an mich mochten haben und wegen derer blauen und grünen Flecken nit kunnten sitzen. Und ist auch meine Hand noch etzliche Täg geschwollen gewest von meiner letzten Amtshandlung.

Haben die Ancker gelichtet in einer finstern und stürmischen Neumondnacht, nachdem ich des Paschas gewesene Lieblingsfrau, die Anna aus Leipztig, mit des Beppo Hülff über die Mauer gehoben, deren eysern Spitzen mein Italiä-

* *Minarett.*

ner zuvor abgesäget, sodass auch ich kunnt hinüberklimmen und entfliehn. War auch der Docktor pünctlich zur Stell und ist mit uns geseglet, wobey der Sturmwind uns in ohnmässiger Eyl vorangetrieben, dass wir die Segel mussten gantz klein machen. Und wars guth, dass das Schiff nit zu leicht gewest, sondern noch seine gantze Ladung vom africanischen Caffee besessen. Ist solchs ein derartig grosser Schatz gewest, dass man nit zu sagen wüsst, ob er einen höhern Werth hett oder die Juwelen und Geschmeid der Anna Petersilge, des Peltzhändlers Tochter.
Wie bin ich voll Glücks worden, da ich auff dem Schiffe das erstemahl durfft wieder mit meiner Mannsstimm sprechen, so wie eine Orgel in meinem Hertzen widergeklungen! Hab auchs Certificat des Docktors zerrissen und ins Adriatische Meer gestreuet und der Anna am vierthen Tag der Meerfahrt bewiesen, dass es keine Gültigkeit gehabt. Und ist sie mir dabey sehr lieb und angenehm gewest, da sie wol nit mehr die stürmische Ohnbedencklichkeit der Jugend besessen, jedoch ein guth und schön Ausdauer, so man allenthalben denen lieben Sächsinnen nachrühmet.
Und ist auch sie mir so lieb geworden, dass ich mich ihr heymlich anverlobet und ihr geschworen, ich würd sie auff die eheliche Weys ehrbar machen, sobald wir ins Venedig kämen. Und hüpffete mein Hertz, da ich die Thürm der Statt, insonderheit den Campanilen, sah aus dem Wasser steigen, und kunnten wir mit unserm Schiff und den Caffeesäcken an dem slawonischen Ufer festmachen. Baten den Doschen umb ein politischs Asyl, so er uns gnädiglich gewähret.
Heyratete am 17. Septembris im Sankt Marco die dritte Frau Schwärtlein, die Anna, so vormahlen ein Petersilge gewest. Und bin ihr so treu blieben wie denen andern Weibern auch und mit ihr nach Padua gezogen, wovon auffs letzt zu erzähln sein wird.

*Wie ich zu Padua glücklich gelebt,*
*meine ewige Seelenruh versoffen*
*und bin wieder Landsknecht worden.*

Oh du mein Padua, was bist du mir für ein lieblichs Stättel geworden in denen zehn Jahren, darinnen ich in dir gewohnet und auch einige Bildung an der Universitet erworben. Ist wol gar nit vorgesehen gewest, dass ich und die Anna in dir Wohnung nehmen. Doch da wir vom Venedig gekommen mit zween Frachtwagen, darauff die Säck mit Caffee von des Paschas Schiff geladen und wir gedacht, wir kunnten damit übern Brenner heymathwärts, mussten wir erfahren, dass solchs vom Zoll her nit zulässig wär und müssten damit in der Republick Venedig verbleiben. Und da die Anna fichilant* gewest, meinet sie, wir sollten doch im selbigen Padua bleiben und allda eine Bottegen betreyben, so nur Caffee ausschäncket, welches dazulande noch unbekannt gewest und uns würd eine zahlreyche Kundschafft bringen, sintemahlen das Padua eine hochberühmte Universitet hett, darinnen viele junge Männer würden der Wachheit und Klarheit des Geists bedürffen, so der Caffee vermittelt.

Habs meiner Anna zugestanden und seind fürtrefflich damit gefahren. Hat sie sehr schnell vom Beppo das Italiänisch gelernt, welches sie zeitlebens mit der weichen Anmuth gesprochen, welche ihrer Heymathsprachen zu eigen gewest, und lernet sie vom Beppo auch das Caffeekochen,

* *Von französisch vigilant = wachsam, ein heute noch in mitteldeutschen Ländern gebräuchlicher Ausdruck für eine landesübliche Art von Cleverness.*

das dieser auff der dalmathinischen Insul für den Harem geübet. Glückte uns auch, dass wir nah dem grossen Gerichtsgebäude, welches als eines der vorzüglichsten Bauwerck der Statt gegolten, kunnten von einer Wittib ein Häuslein erstehn, darinn wir ein adretts Gasthöflein eröffneten. Hat der Beppo ein weyss Hembd und eine weysse Schürtzen bekommen und denen Gästen serviret, welche das neue Getränck schier mit Gier zu sich genommen und es auch höchlich gerühmet.

Insonderheyt verkehreten bey uns bald die berühmten Padovaner Herren Juristen, und mag hier der köstlich den Geist beflüglende Caffee offt dazu beygetragen haben, dass denen Herren guthe Gründe eingefallen, weshalb sie einen Maleficanten an den Galgen brächten oder ihm den Kopff herunterthäten. Und so einen solches nit selber betrifft noch Halsschmertzen machet, sieht mans als sittsamer Bürger recht gern.

Hatten nit sogleich gewusst, wie wir unser Wirthschafft benennen sollten, da es doch keine Bottegen oder Trattori gewest. Da aber der Beppo, wenn er den Kellner gemacht und ihm die Leuth ihre Bestellung zugerufen, immer geantwort: »Espresso! Espresso*!«, ist die Anna drauff gekommen, das Local ›Espresso‹ zu heyssen**, worunter es denn auch so weithin berühmt geworden, dass einer, welcher von den brittischen Insuln oder vom frantzösischen Paris wollt zum Studium oder zur blossen Ergetzung gen Padua reisen, gewisslich den Rath bekommen: »Gehet aber auch dorten ins Espresso, das seinsgleichen auf der Welth nit hat.«

Und haben wir auf sotane Weiss Gäst aus vieler Herren Länder und von mancherley Couleuren gehabt, darunter Standspersonen vom allerhöchsten Rang. Hett mir nur im-

* *Italienisch rasch, eilig, schnell.*

** *Kulturhistorisch außerordentlich interessant und bisher wohl auch völlig unbekannt.*

mer gewünscht, dass auch die holde Lutschia da eingekehret mit ihrem Oheimb Simmerl oder dem Cardinal Tschesi, auff dass sie säh, wie weith ichs gebracht und dass auch die feyne Lebensarth mir nun als Caffeewirth zuguthekäm. Ist aber das Lutscherl niemahlen gekommen.
Eins Tags nun sitzen an einem Tischlein, so wir auff die Gassen gestellet, drey junge Landsknecht, so dieselben Farben getragen, die ich bey denen Frundsbergern gehabt, und reden teutsch mitnand. Grüss also die Blaugelben arthig als Wirth und frag:
»Von welchen teutschen Ländern kommen die Herrn?«
Antwort der eine von den Dreyen, so sich sehr ähnlich gesehen, und welcher offenbar ihr Worthführer gewest:
»Seind wettinisch, Herr Wirth.«
»Das seind auch ich und mein Weib«, antwort ich und reich ihnen die Pratzen. »Seids auff der Durchreis?«
»Haben vor der Statt ein Lager bezogen«, sagt wieder der nemlich wie vorher. »Werden bald müssen wider den Türcken ziehn.«
Da wünscht ich ihnen von Hertzen Glück, da mir nit daran gelegen, wenn der Pascha wär nach Italien einbrochen und hett sich bey mir die Caffeesäck zurückgeholt, von denen ich schon viele Jahre gelebt, und sein gewesens Weib, welche Gefahr freylich die geringere gewest. Und fraget mich der eine Landsknecht darauff, ob ich wüsst, wo die Capell vom Heyligen Antonius sey. Kunnt ihm solchs gleich weysen, nit weit vom ›Espresso‹.
»Habt ihr ein Gelübde dort?« frag ich, wiewol es mich nit sonderlich interessiret, doch müssen die Wirth und die Barbir immer ihre Conversation machen, weyl solchs die Kunden wünschen.
»Ja«, antwort wieder der erste, welcher ein Gesicht hett, so mir irgendwie bekannt vorgekommen, »haben hier ein Beuthlein mit Dukaten von der Mutter, auff dass wir ein ewig Seelenmess stifften für unsern Herrn Vater, so beym Heyligen Antonius begraben liegt.«

Weyset mir auch das Ledersäcklein mit dem Gelde, und ich sag ihm mein Beyleid zu dem Todtsfall, wiewol auch solcher mich nit anzugehn schien.
Schwätzet der ander weiter, da ihm mein Throst wolgethan und saget, sein Vater sey ein Lohgerber gewest und hernachen Landsknecht worden, hett ein wilds Leben geführet und läg nun also in Padua begraben.
»Und heysset Johann Baptist Nepomuk Schwärtlein«, sag ich und muss mir dabey die Stimm gebebet haben ohngleichen, wiewol es die Drey nit haben bemerckt.
»Kennet ihr gar sein Grab?« saget wieder der erste, den ich nunmehro für meinen Buben Märtel und die andern für den Hintz und Kuntz, meine Drilling insgesammt, erkannt hab.
»Kenn nit sein Grab«, antwort ich, und lauffen mir schon die Thränen herunter, »bin ja selber der Lohgerber Schwärtlein ausm Neustättel. Lieg nit in Padua begraben.«
Nun gabs ein Verwirrung ohngleichen und eine Rührung, wie ich sie noch nie in meinem Leben empfunden. Und haben alle geheulet und seind uns in die Ärm gefallen und haben uns Schmätzlein geben, dass uns die Bärth das Gesicht zerkratzet. Und gab solches viel Aufsehen rundumb. Kommt auch die Anna herbeygeloffen und sag denen Buben:
»Das ist eure Mutter!«
Das haben nun wieder meine Drilling nit begriffen, da ichs ja auch in der Auffregung falsch ausgedrücket. Und hett sich daraus leicht mögen ein Ohnglück entwicklen, wenn nit die Buben gesagt, dass auch die Marthe wieder geheirat, nachdem sie von meinem Todt erfahren, und hett sich wieder einen Lohgerber genommen zum threuen Gedencken, welcher Rettberg hiess. Worauff ich natürlich verschwiegen, dass ich mehrmahlen verheyrath gewest, ohn dass ich von Marthens Hinscheyden gewusst. Doch ist solches nun ohnehin gleichgülthig gewest, da jeder sein neus Glück gefunden und des andern und vor allem der frühen Lieb

vom Beerenpflücken an mocht nunmehro mit Hertzlichkeit und ohn Leid gedencken.
Wollt ich aber wissen, wie solche Nachricht von meinem Todte überhaupt ins Neustättel gekommen, und erzählet mir der Märtel eine Historia, die ohngleichen verrucht und grausam gewest.
Sey da eines Tags im Güldenen Leuen ein Professor abgestiegen, welcher sich Heinrich Feustel genannt, und sey selbiger so hirntappig gewest wie alle Professores, und wie ich ja solchs auch aus Padua gekannt. Selbiger hett einen bey sich gehabt, so sich als Mefistoffel ins Politzeybuch geschrieben, ein recht scheeler Widerling, so allweyl das grosse Worth geführet, den Maidlein nachgestellt und den althen Professor, welcher wol viel studiret, aber kein rechts Amth bekommen, zu allerley unsinnigen Dingen verführet, so auch dass er sich vom Barbir den grauen Barth abnehmen liess, umb jünger zu wircken, was aber blosser Scheyn gewest.
Und hett dieser Höllenhund, so sich Mefistoffel genannt, ihn verkupplet mit Margarethen Kunitzer, welche das sittsamst Wesen in Neustättel gewest, sodass sich die Leuth sogar darüber die Mäuler zerrissen. Und hett Mutter Marthe leyder solchem Vorschub geleistet, da der Herr Mefistoffel sich ihr als galanter Cavalir mit mancherley Geschencken genahet und gesagt, er kennet ihren Mann und hett ihr seinen Lebenslauff als Mensch und Landsknecht in allen Eintzelheiten bericht. Drumb hett sie ihn öffter bey sich empffangen und auch geduldet, dass derweylen der hirnrissige Professor Feustel es mit dem Grethgen gehalten, so ihrer Obhut unterstanden.
»Und der Scheysskerl hat gesagt, ich lieg in Padua begraben?« fahr ich dazwischen.
»Ja, und hats beglaubigt und der Professor hats auch mit feyerlichem Eid beschworen. Hat selbiger Widerwarth von Mefistoffel sich sogar zu dem Hohne erdreystet und saget:

›Ihr Mann ist todt und lässet Sie grüssen*‹ und fernerhin viel Ohnflaths über deinen Wandel und Hinscheyden vorgebracht. Und hat darauffhin erst die Mutter sich mit dem Rettberg in St. Johannis verbunden, welcher bisher ihr threuer Freund und Rathgeber gewest.«

Nun ist in mir ein Durcheynand aller meiner Gefühle entstanden, dass ich nit mehr gewusst, was ich sagen sollt. War eiffersüchtig auf den Rettberg, so mit mir einst als Lehrling und Gesell gearbeit, wiewol ich selber derweylen auch nit immer wie ein Mönch gelebt, und bin voll Hass wider selbigen Stoffel gewest.«

Frag auch noch, wie das weitergegangen mit dem Professor und seinem Diener, und da ists gar erst schrecklich worden, da der Märtel bericht, dass sie das Grethgen Kunitzer durch Urtheilsspruch geköpfft, weil sie die Mutter und den Bambsen umbgebracht, den ihr der Feustel gemachet. Und dass der Valentin Kunitzer im Gefechte gefallen, da er die verlorene Ehr der Schwester im Zweykampff mit selbigem Mefistoffel hett rächen wollen.

»Ach, mein Valentin«, ruf ich da aus, »bist einmahl mein bester Camerad gewest«, und rinnen mir wieder die Thränen, dieses Mahl vom Schmertze. »Und was ist selbiger für ein Landsmann gewest mit dem absonderlichen Namen?«

»Keiner hats herausbracht im Neustättel«, antwort der Märtel. »Als ihn die Politzey hat fassen wollen, ist er weg gewest mitsammt seinem Professor. Saget die Leuenwirthin — die althe, so du gekennet, ist längst todt —, es hett in seinem Zimmer nach Schwefel gestuncken, weshalb ihn die Magd den Höllteuffel genannt.«

»Ahnungsvoller Engel du!« sag ich. »Mir scheynet, Buben, denselbigen Mefistoffel kenn ich. Hatt er ein quittegelbs Gesicht und hat mitm rechten Fuss gehincket?«

»Ja«, sagen die Drilling zugleych.

»Dann ists der nemliche«, ruf ich, »so mich unter die

* *Mit der kleinen Abänderung ›lässt‹ für ›lässet‹ im Wortlaut in Goethes ›Faust‹ I. V. 2916.*

Landsknecht geführt, da ihr noch kleine Kindlein gewest, als Baron Montsalvari, so mich aus den Armen eines liebenden Weibs gerissen als Mossjöh Düttjabel, und so mir einmahl sogar im Priestergewande erschienen.«

Wo solches gewest, mocht ich freylich nit sagen, auff dass die Buben nit an ihrem Vater irre würden, und hat auch die Anna zugehört, die nit von allen meinen Weibern und Maidlein wissen musst. Und haben wir alle selbigem geflucht, umb die Todten geweynet und die Lebenden mit guthem Weyne gegrüsst, so mir der brave Beppo herbeygeschleppt, welchen ich meinen drey Buben vorgestellt als meinen besten Freund, Cameraden und Lebensretter.

Hat auch mein sächsischs Weiblein, die Anna Petersilgin, die drey Prachtsburschen gehertzet und an sich gedrückt, da sie selbst nach des Harems Gebräuchen niemahlen hat Kinder haben dürffen. Haben die Buben am selbigen Nachmittag das gantze Geld versoffen, welches sie für die ewige Ruh meiner Seelen mitbekommen, und ist solches auf die Weys in der Familie blieben und nit zum Papste nach Rom gangen, dass er damit seine Kercker in der Engelsburg ausstaffiret. Zuletzt sangen wirs Pfanneflickerlied, wovon meine Buben die allerjüngsten Verslein aus ihrem Landsknechtshauffen gekannt, welche wieder von besonderer Lieblichkeit gewest.

Und da wir so allsamt beyeinand gesessen und fröhlich geworden, steht plötzlich ein Kerrl auf der Gassen, hat ein Kästlein vors Gesicht gehalten, rufet »Momento!« und drücket auff ein Knöpflein, worauff es im Kästlein geknacket. Rufet »Grazie«*, und ist verschwunden, wie auffgesogen von der Luft.

Rennet der Beppo hin und will schauen, wo der Mensch mit dem Kästel geblieben und findt ihn nit. Findt aber auf der Erden liegend ein Bildlein, darauff wir uns alle gesehen und erkannt, wie wir eben gesessen und uns umarmet,

* *Italienisch danke.*

die Gläser gehoben und singens Pfanneflickerlied. Kunnt solches nit mit rechten Dingen zugegangen sein, und stund unten auff dem Bilde in einer gedruckten Schrifft: ›phot. von Manteuffel‹, und haben dafür keine Erklärung noch Deutung gefunden.

Wie aber der Beppo saget, es hett ein wenig nach Schwefel gestuncken an der Stellen, da der Mensch gestanden und das curiose Bildlein verloren, hab ich Bescheyd gewusst.

»Buben!« ruf ich, »das ist selbiger wieder gewest: euer Mefistoffel und mein Montsalvari und Düttjabel. Nunmehro, so fürcht ich, wird er auch euch verfolgen, so er nur immer kann.«

Drumb that ich im selben Momenthe einen Schwur, dass ich die Buben, welche ich an diesem Tage so glücklich wiedergefunden, nit mehr würd aus den Augen lassen und mein lang versäumte väterliche Pflicht an selbigen nun würd threulich üben bis an mein seeligs Ende.

Hab solches auch gehalten. Und wiewol die Anna hertzlich weynete, da ich ihr kundthat, ich würd nun wieder unter die Landsknecht und zu meinem alten Regimente gehn, umb meine hertzlieben Drilling vor allem Ohngemach zu bewahren, welches mir in meiner Ohnschuld so arg zugesetzet, als da ists Huren, Sauffen und Würffelspiel, hat sie am End mit vielem Seufftzen nachgegeben. Sintemahlen ich ihr den Beppo, die Caffeesäck und ein guths Geschäfft als Erbe hinterlassen.

So bin ich also zu den Frundsbergischen zurück und bin sogleich Feldweibel worden, umb meiner Erfahrung und althen Zugehörigkeit willen, und hab mir dürfen die blaugelb Uniform wieder selber aussuchen. Krieget auch ein Flöthlein für die Musicantenbande und hab ihm etzliche wehmütige Triller entlocket im Gedencken an den Schnautz Schlechthaus, von dem mir der Märtel gesaget, dass er schon vor langem an Gebrechlichkeit gestorben.

Hält doch das gottverfluchte Scheyssleben im Landsknechtstande am längsten jung.

*Welches den Epilog machet.*

Seind nun etzlich Jährlein her, dass ich meinen Beppo und die Anna zu Padua verlassen und wieder im Wams und Barette zu marschirn begonnen. Bin der kreutz und quer durch die Welth kommen und seind in drei Bataillien mit dem Grosstürcken verwicklet worden, wonachen sie mir auch wieder ein Kreutzlein angehefftet. Trag aber mein wahrs Kreutzlein im Rücken und im Arsche, da mich das Rheumathische überall zwacket, seit ich im Hungrischen in feuchten Quartirs gelegen. Seind immer noch meine drey Buben bey mir und hab auch sie bey der Musickbanden untergebracht, worinnen wir selbdritt flöthen, und der Märtel schlagt die Trummel.

Haben uns so manchen Batzen neben dem Solde verdienet, indem wir als die Schwärtlein-Bande haben in denen kleinen Stätten, allwo wir im Winterquartir gelegen, offt zum Tantze auffgespielt, und haben auch manch anmuthige Weys und Täntzlein von denen andern Völckern, als da seind Böhmen und Hungarn, gelernet. So einen hungrischen Tantz, welcher sich Tschardasch nennet, und stehen die Burschen und Maidlein einander gegenüber, halten sichs Haupt, wacklen mit denen Füss und rufen manchmal »Hei*!« Und ist in der hungrischen Pussten auch geschehn, dass meine drey Buben sich verliebet in ein gar holds Maidlein, das Proschken** oder ähnlich geheyssen. Selbige weyss aber nit, von wem sie hernachen ihr Büblein empfangen, da die Drey einander so ähnlich gesehn, und hett man sie

* *Vermutlich héj.*

** *Vermutlich Piroska (sprich Piroschka), bekannter ungarischer Mädchenname.*

höchstens an Flöth oder Trummel unterscheyden können, so sie aber nit ins Bett der selbigen Proschken mitgebracht. Ist aber der Lust und Tollerey für mich im Lauff der Jahre immer weniger worden, da mein hitzigs Bluth sich geleget. Scheynet mir auch, dass es mit selbigem Militair nun zu End gehet, da sie die Feuerwaffen erfunden und, statt mit Spiess und Piquen, einand damit bekriegen. Ist dadurch der Krieg so zu einer Entarthung gelanget, dass er muss gäntzlich abgeschafft werden, so die Mensch und Völcker zur Vernunfft kommen.

Was kost alleyn ein solchs Feuergewehr oder Kanonen an ohnsinnigem Gelde, wofür man kunnt bessere Strassen bauen, damit man mit Postkutschen und Dillischangsen* schneller zu denen andern Völckern kommet, und kunnt Seuch und Kranckheit wie Pest und die gar hintervotzig frantzösische Kranckheit von der Welth bringen. Und hett ein jeder von jeglicher Hauthfarb sein Broth und Weyn und Schnaps, und, so Gott will, eins Tags auch sein Caffee, wies ihn in meinem Espresso zu Padua ausschäncken.

Haben auch die jungen Leuth nit mehr die Lust wie ehedem, den Soldaten zu machen, da auff sie mit denen mörderischen Gewehr und Kanonen geschossen wird. Ist von einem gescheidten Manne, so mehr einem padovanischen Professor denn einem teutschen Officir gleichet, jüngst ein Buch geschrieben worden, welches heysset ›Der Renässangsmensch** im Wamse***‹. Saget darinnen es sey nit des Menschen Würd noch die Ehr der Nation, dass sie den Soldaten Kackbruder, Arschkopff und hirngschissne Baurensau nennent, sondern sey selbiger auch als Mensch zu halten, was aber viele Caporals und Feldweibels nit wollen glauben.

Mir ists eingangen, seit ich die eignen Buben im Hauffen

* *Richtig Diligencen.*
** *Renaissance wörtlich, Wiedergeburt.*
*** *Interessante Ähnlichkeit mit ›Der Bürger in Uniform‹.*

weyss, und redt so auch mit den andern, als obs meine Buben wärn. Und heissen mich manche Weichling und einen althen Deppen, so nit mehr in die Armee und zu denen Frundsbergern passet. Denck aber, lecket mich alle im Arsch, da ich weyss, dass solch feynerem Wesen die Zukunfft gehöret.

Muss noch sagen, dass wir einmahl auch durch die wettinischen Lande marschiret und Quartir bei Schleitz bezogen und habs Neustättel wiedergesehn. Bin aber nit zur Marthe, umb deren Glück mit dem Rettberg nit zu stören, hab nur die Buben hingeschickt mit der Bedingnis, dass sie nit vom Vater erzähleten, als dass er nun sein Seelenruh hab. Und bin hin und hab ein Gebethlein than am Grab der Eltern, so prächtig geschmücket gewest mit dem grünen Galgenhanff. Hab auch mein Flöthlein hervorgenommen und dem Schnautz Schlechthaus an seinem Grabe das Pfanneflickerlied blasen, das er so sehr geliebet und nun selber nit mehr flöthen kunnt, da ihm seit langem die Lufft ausgegangen. Und sag Ade zum Heymathstättel und ist mir ein stinckend Gerberlüfftlein nachgezogen, das ich voller Wehmuth geathmet.

ALARM! schreyens da und blasens! Gehet also wieder gen den Türcken. Vielleichts letzte Mahl für mich.

GOTT SEY MEINER SEELEN GNÄDIG

Da laufft ein süss Maidel vorbey mit rothe Haar, wie ich ein solchs in meinem Leben niemahlen besessen.

UND AUCH MEINEM LEIBE

so solches nöthig werden sollt.

AMEN.

Jeder Leser wird wohl, gleich mir, die Dokumente eines deutschen Landsknechtslebens mit wachsendem Interesse gelesen haben, zumal hier einer der wichtigsten Schlüssel zu Goethes Faust-Tragödie vorliegen dürfte. Wir wissen nun aus Schwärtleins Tagebüchern — Goethe schreibt übrigens den Namen Schwerdtlein —, wo sich die Gretchentragödie abgespielt hat, kennen Gretchens Familiennamen und bekommen leider kein sonderlich gutes Bild vom Professor Faust, den die Söhne der Schwärtleins Feustel nennen. Das mag mit der zeitgenössischen Unbekümmertheit gegenüber der Schreibweise von Familiennamen zusammenhängen. Jedoch ist auch möglich, daß dieser Professor Heinrich Faust von kleiner Statur gewesen ist und deshalb von den Bürgern der wettinischen Stadt das Fäustel oder der Feustel genannt wurde, ein Name, der in Mitteldeutschland auch heute noch recht häufig ist.

Sehr aufschlußreich erscheint, daß Goethes Drama offenbar nur auf Aufzeichnungen des Barons Montsalvari, des Du Diable oder Mephistopheles zurückgeht, der wohl einer der großen Magier und Schwindler der an Abenteurern reichen Renaissancezeit gewesen ist. Es befindet sich übrigens bei den Tagebüchern auch das sogenannte Photo des Kaffeehausbesitzers Schwärtlein (oder Schwerdtlein) in Padua mit seiner Frau Anna, den drei Söhnen und dem Italiener Beppo. Dieses sehr vergilbte Bildchen wirkt eher wie ein Kupferstich und mag eine Mystifikation darstellen. Der Namenszug von Manteuffel darunter ist unzweideutig zu erkennen.

Da eine begründete Feindschaft zwischen diesen beiden ungleichen Naturen Schwärtlein und Mephisto (Montsalvari, Du Diable) bestanden haben muß, streifen die Aussagen des letzteren der Gattin des Feldwebels gegenüber nur die Wahrheit, wie sich aus den hier geschilderten Episoden ergibt. Im übrigen wird der Charakter Schwärtleins, der ein zutiefst anständiger, ehrlicher Mensch gewesen sein muß, in Mephistos Darstellung völlig verzeichnet. So konnte auch Goethe nur ein schiefes und verzerrtes Bild dieses Mannes geben. Würde er dessen Memoiren gekannt haben, hätte sein Drama gewiß einen andern Ausgang genommen, und das Gretchenschicksal hätte nicht unbedingt tragisch enden müssen.

Meiner Meinung nach sollte man das Buch der Jugend zugänglich machen, wobei für Mädchen der Oberschulen die Klassen ab Obertertia, für Knaben ab Unterprima in Frage kämen. Die ärgsten Derbheiten wurden vom Herausgeber behutsam eliminiert, und eine gute moderne Lehrkraft wird ohne weiteres die noch bestehenden Deftigkeiten und die Unbekümmertheit des Autors in sexuellen wie auch religiösen Dingen mit der allgemeinen Sittenlosigkeit jenes Zeitalters erklären und ihr die höheren moralischen Anschauungen unserer Zeit gegenüberstellen.

Eine gewisse Vorsicht ist geboten bei der Ausdeutung der allzu liberalen, mitunter sogar pazifistisch anmutenden Anschauungen des Feldwebels Schwärtlein über militärische Dinge. Dabei wäre darauf hinzuweisen, daß die Menschen am Beginn des Zeitalters der Feuerwaffen einen gewissen psychischen Schock erlitten, der sie zu pessimistischen Voraussagen über die Zukunft der Menschheit veranlaßte.

Eben die Tatsache, daß diese Voraussagen sich erfreulicherweise nicht bestätigt haben, machen die Lektüre des Schwärtleinbuches im Schulunterricht und auch bei der Bundeswehr durchaus empfehlenswert, da sich daran die Feststellung knüpfen läßt, daß nichts so heiß gegessen wird, wie es gekocht wird, und daß bei der Verteidigung der Freiheit und der Demokratie im Atomzeitalter noch genau wie damals in der Landsknechtszeit eine echte Überlebenschance besteht.

Es ist der Geist, der sich den Körper baut, und noch ist jener gute alte deutsche Landsknechtsgeist, der selbst derb fröhliche Erinnerungen mit einem ›Amen‹ schließen läßt und der — wie die Padovaner Firmengründung beweist — durchaus auch der wirtschaftlichen Initiative fähig ist, gottlob nicht ausgestorben. Und auf Zeiten einer noch so totalen Vernichtung pflegt erfahrungsgemäß, nach der Periode einer kurzen religiösen Selbstbesinnung, eine um so längere Wirtschaftsblüte zu folgen.

Berlin 1965

Der Herausgeber

Bitte beachten Sie
die folgenden Seiten:

Hugo Hartung

# Keine Nachtigallen im Ölbaumwald

Erzählungen
188 Seiten

Das Thema der acht Erzählungen, alle in der Zeit zwischen 1948 und 1968 entstanden, ist der Mensch, der in den Mahlstrom der Weltereignisse gerissen wird. Liebeserlebnisse erfüllen sich am Vorabend von Kriegen und inmitten von Katastrophen oder enden in spukhaften Nachtszenen. Mit erzählerischer Meisterschaft zeigt Hugo Hartung, wie sich im Schicksal einzelner eine ganze Epoche widerspiegelt.

Nicolas
Freeling

# Valparaiso

*Ullstein Buch 2819* ■

Eine alte morsche Jacht, das ist Raymond Kapitans Heimat. Mit diesem Boot will er das Ziel seiner unerfüllten Sehnsucht erreichen: Valparaiso. Nur Geld fehlt noch — doch wie man das per Einbruch rasch erhält, weiß die Freundin. Die Tat gelingt, aber die Polizei kommt Raymond auf die Spur. Bei schwerem Sturm flieht er mit der ramponierten Jacht ...

ein Ullstein Buch

Margery Sharp

# Die Sonne im Skorpion

*Ullstein Buch 2746* ▪

Cathy Pennon ist nicht besonders hübsch und auch nicht besonders klug. Aber im Pokern ist sie tüchtig, und mit der strengen Ordnung der englischen Gesellschaft hat sie nicht viel im Sinn, sondern versucht, ihr Leben auf eine merkwürdig unkonventionelle Weise zu bewältigen. Doch ungeachtet ihrer erstaunlichen Mischung von Weltfremdheit und gesundem Menschenverstand findet sie schließlich im wahrsten Sinne des Wortes den Schlüssel zu ihrem Dasein. Cathys Geschichte ist in ein farbiges Bild des englischen Lebens eingeflochten, das Margery Sharp scharf und kritisch, mit freundlicher, nicht verletzender Ironie zeichnet.

ein Ullstein Buch

Vincent
Brome

# Vanessa

*Ullstein Buch 2851* ▪▪

Die Lebensgeschichte einer Chirurgin konfrontiert den Leser mit dem Problem der modernen Frau im Zwiespalt zwischen beruflicher und privater Erfüllung. Mit Ehrgeiz und Begabung erreicht Vanessa als Chirurgin alles, was sie sich erträumt. Doch wie soll sie nach kräftezehrenden Stunden im Operationssaal sich noch dem Mann widmen, der sie liebt, und den Kindern, die sie brauchen?

ein Ullstein Buch